港口水工建筑物全寿命周期健康监测技术研究与应用

刘红彪　黄宏宝　朱鹏瑞　张　强　张树龙　编著

人民交通出版社股份有限公司

北　京

内容提要

本书针对港口水工建筑物的服役安全问题,开展了港口水工建筑物全寿命周期健康监测系统构建与实施技术方法、运维平台开发等研究,形成了基于"互联网+光纤传感技术+BIM(建筑信息模型)技术"的港口水工建筑物全寿命周期健康在线监测成套技术,提出了基于"互联网+光纤传感技术+BIM技术"的港口水工建筑物全寿命周期健康在线监测方法,构建了适于港口水工建筑物全寿命周期健康监测的系统框架,开发了基于BIM技术的监测系统运维平台,实现了结构力学性能和耐久性能的同步监测,为港口工程监测、评估、预警与安全运维提供了技术支撑。

本书适合水运工程领域相关技术人员及高校师生参考使用。

图书在版编目(CIP)数据

港口水工建筑物全寿命周期健康监测技术研究与应用/刘红彪等编著.—北京:人民交通出版社股份有限公司,2022.12

ISBN 978-7-114-18349-2

Ⅰ.①港… Ⅱ.①刘… Ⅲ.①港口建筑物—水工建筑物—安全监测 Ⅳ.①U656

中国版本图书馆 CIP 数据核字(2022)第219680号

Gangkou Shuigong Jianzhuwu Quanshouming Zhouqi Jiankang Jiance Jishu Yanjiu yu Yingyong

书　　名:	港口水工建筑物全寿命周期健康监测技术研究与应用
著 作 者:	刘红彪　黄宏宝　朱鹏瑞　张　强　张树龙
责任编辑:	朱明周
责任校对:	赵媛媛
责任印制:	张　凯
出版发行:	人民交通出版社股份有限公司
地　　址:	(100011)北京市朝阳区安定门外外馆斜街3号
网　　址:	http://www.ccpcl.com.cn
销售电话:	(010)59757973
总 经 销:	人民交通出版社股份有限公司发行部
经　　销:	各地新华书店
印　　刷:	北京建宏印刷有限公司
开　　本:	787×1092　1/16
印　　张:	11.75
字　　数:	227千
版　　次:	2022年12月　第1版
印　　次:	2022年12月　第1次印刷
书　　号:	ISBN 978-7-114-18349-2
定　　价:	65.00元

(有印刷、装订质量问题的图书,由本公司负责调换)

前 言

目前,国内外针对码头等港口水工建筑物结构健康监测技术的相关研究较少,港口水工建筑物结构健康监测技术的发展明显滞后于桥梁、建筑等工程领域,水运工程领域仍没有结构健康监测类的行业技术规范可用于指导工程。而且,目前仍采用人工方法获取码头等港口水工建筑物的健康状态,相关检测方法属于定期检测方法,时效性差,受现场环境影响大,恶劣天气状况下难以实施,且无法及时掌握突发荷载状况下的结构力学性能状态,不可实现结构的灾变预警。此外,港口水工建筑物服役的环境恶劣,尤其是在海水环境中,传统电类传感器难以长期服役。为了实现监测传感器的长期服役,应采用或开发相关传感技术。为了推动智慧港口建设技术的发展,实时掌握港口水工建筑物的健康状态,开展港口水工建筑物全寿命周期健康监测技术研究,很有必要建立基于"互联网+光纤传感技术+BIM 技术"的港口水工建筑物全寿命周期健康监测系统。

本书将"互联网+光纤传感技术+BIM 技术"与传统结构健康监测技术有机融合,形成了基于"互联网+光纤传感技术+BIM 技术"的港口水工建筑物全寿命周期健康在线监测成套技术,提出了基于"互联网+光纤传感技术+BIM 技术"的港口水工建筑物全寿命周期健康在线监测技术,构建了适于港口水工建筑物全寿命周期健康监测的系统框架,开发了基于 BIM 技术的监测系统运维平台,实现了结构力学性能和耐久性能的同步监测,填补了行业空白,为港口工程监测、评估、预警与安全运维提供了技术支撑。基于该技术,可实现港口水工建筑物全寿命周期的健康监测,监测过程不受恶劣环境影响,监测传感系统可满足海水环境中的长期服役需求,可实现结构的灾变预警,具有自动化程度高、无人化操作、三维展示、对突发状况反应及时等优点。目前,该技术已成功应用于天津港 22~24 号泊位码头改造后的运营安全监测、日照港石臼港区 17~21 号泊位码头开孔沉箱波压力监测、三亚凤凰岛邮轮母港二期工程大体积混凝土温度及应力监测、天津港南疆 27 号通用码头结构健康监测系统建设与应用等方面,且均取得了良好的效果,得到了业主的一致好评。该研究对推动智能化码头建设、提高港口设施的智能化管理水平起到了重要促进作用。

本书第1章为绪论,综述港口水工建筑物健康监测技术的研究背景、研究现状及特点;第2章描述港口水工建筑物全寿命周期健康监测系统框架构建与实施方法;第3章介绍基于BIM技术的港口水工建筑物健康监测运维平台设计与实施;第4章介绍基于监测数据的港口水工建筑物健康状态评估及预警技术研究;第5章介绍大型新建高桩码头健康监测系统设计;第6章介绍大型新建高桩码头健康监测系统实施;第7章介绍健康监测技术的其他工程应用案例;第8章介绍基于阳极梯传感器的港口水工建筑物混凝土耐久性监测方法与应用;第9章对本书内容进行总结,给出相关结论。

本书研究内容主要来源于交通运输部天津水运工程科学研究所水工建筑中心在长期工程实践中的归纳总结,以及开展的大量科学研究。作者诚挚感谢所有为本书做出贡献的研究人员:感谢交通运输部天津水运工程科学研究所水工建筑中心研究员张强,成绩优异的高级工程师刘现鹏,副研究员张宝华、李颖等为本书研究做出的卓有成效的贡献;感谢工程师郭畅、助理研究员韩阳、天津城建大学研究生计子凡对本书有关研究工作和资料的整理。

港口水工建筑物健康监测技术在实践中不断创新,人们的认知也愈发完善,某些观点与方法会随着工程实践及研究工作的不断深入而得到改进。鉴于作者的水平及经验有限,书中难免存在缺点和不足之处,敬请读者批评指正。

刘红彪

2022年12月

目　　录

第1章　绪论 ·· 1
　　1.1　研究背景 ··· 1
　　1.2　研究的必要性 ·· 2
　　1.3　国内外现状分析 ·· 4
　　1.4　技术依据 ··· 18
　　1.5　本书总体目标 ·· 18
第2章　港口水工建筑物全寿命周期健康监测系统框架构建与实施方法 ······················· 20
　　2.1　引言 ·· 20
　　2.2　港口水工建筑物全寿命周期健康监测系统的总体设计原则 ······················ 20
　　2.3　港口水工建筑物全寿命周期健康监测系统框架组成 ································ 21
　　2.4　传感器与数据采集子系统 ··· 23
　　2.5　数据传输与存储子系统 ·· 32
　　2.6　基于BIM技术的健康监测运维平台 ··· 37
　　2.7　本章小结 ··· 40
第3章　基于BIM技术的港口水工建筑物健康监测运维平台设计与实施 ····················· 41
　　3.1　引言 ·· 41
　　3.2　健康监测系统的运行模式 ··· 42
　　3.3　基于BIM的港口水工建筑物结构健康监测运维平台设计 ························ 43
　　3.4　本章小结 ··· 47
第4章　基于监测数据的港口水工建筑物健康状态评估及预警技术研究 ····················· 48
　　4.1　引言 ·· 48
　　4.2　港口水工建筑物健康监测信号处理技术 ·· 48
　　4.3　基于监测数据的港口水工建筑物结构损伤识别方法 ································ 54
　　4.4　基于监测数据的港口水工建筑物结构安全评估办法 ································ 55
　　4.5　监测指标预警阈值分析 ·· 57
　　4.6　本章小结 ··· 58
第5章　大型新建高桩码头健康监测系统设计 ·· 59
　　5.1　引言 ·· 59

· 1 ·

  5.2 新建高桩码头健康监测系统布置 ……………………………………… 60
  5.3 结构健康监测系统的总体设计原则 ……………………………………… 61
  5.4 大型高桩码头结构健康监测指标 ………………………………………… 62
  5.5 传感器与设备选型 ………………………………………………………… 67
  5.6 监测系统构成 ……………………………………………………………… 71
  5.7 本章小结 …………………………………………………………………… 72

第6章 **大型新建高桩码头健康监测系统实施** ……………………………………… 73
  6.1 引言 ………………………………………………………………………… 73
  6.2 船舶撞击力监测实施方法 ………………………………………………… 73
  6.3 结构应变(应力)监测实施方法 …………………………………………… 77
  6.4 桩基变位(倾斜)监测实施方法 …………………………………………… 88
  6.5 环境温度监测实施方法 …………………………………………………… 90
  6.6 结构整体动力特性监测实施方法 ………………………………………… 91
  6.7 钢筋混凝土结构耐久性监测实施方法 …………………………………… 92
  6.8 健康监测系统现场组网实施方法 ……………………………………… 102
  6.9 本章小结 ………………………………………………………………… 105

第7章 **健康监测技术的其他工程应用案例** …………………………………… 106
  7.1 引言 ……………………………………………………………………… 106
  7.2 在役高桩码头结构健康监测系统 ……………………………………… 106
  7.3 三亚凤凰岛邮轮母港大体积混凝土温度及应力监测系统 …………… 133
  7.4 开孔沉箱波压力监测系统 ……………………………………………… 145
  7.5 本章小结 ………………………………………………………………… 156

第8章 **基于阳极梯传感器的港口水工建筑物混凝土耐久性监测方法与应用** ……… 157
  8.1 引言 ……………………………………………………………………… 157
  8.2 理论背景 ………………………………………………………………… 158
  8.3 阳极梯系统在新建高桩码头的应用 …………………………………… 163
  8.4 监测数据分析 …………………………………………………………… 165
  8.5 本章小结 ………………………………………………………………… 171

第9章 **结论与展望** ………………………………………………………………… 173
  9.1 结论 ……………………………………………………………………… 173
  9.2 经验总结及展望 ………………………………………………………… 174

参考文献 …………………………………………………………………………… 176

第1章 绪 论

1.1 研究背景

我国是港口大国,沿海港口投资建设规模不断扩大,港口货物吞吐量连续多年位居世界第一。截至2019年底,全国港口拥有生产用码头泊位22893个,其中,沿海港口生产用码头泊位5562个,内河港口生产用码头泊位17331个。目前,全国港口拥有万吨级及以上泊位2520个,其中,沿海港口万吨级及以上泊位2076个,内河港口万吨级及以上泊位444个。天津港、大连港等沿海主要港口都建成了可以停靠30万吨级船舶的大型码头,全国首个40万吨级超大型矿石码头也于2010年在青岛港董家口港区建成,我国现役港口码头的数量和规模都已经位居世界前列。

港口工程结构在我国经贸发展、海岛和海洋国土资源开发维护及国防建设中发挥着十分重要的作用,为了及时了解大型码头等港口水工建筑物的安全状态,加强交通运输安全监管,提升应急保障能力,建立港口水工建筑物的长期健康监测系统、基于长期监测系统的港口水工建筑物安全状态评估系统及灾变预警系统,是保障港口生产安全,提高气象、地质、地震灾害防御能力的迫切需要。

码头是港口水工建筑物中重要的基础设施之一。码头等港口水工建筑物是供船舶停靠、货物装卸和旅客上下的水工建筑物,由于其担负着大宗货物装卸的生产任务,码头等港口工程设施的健康状况直接关系到船舶靠离泊和货物装卸作业的安全,关系到港口能否正常运营生产。

然而,在港口建设迅猛发展的同时,码头等港口设施出现的安全隐患也引起了港口企业与国家的密切重视。一方面,码头建设投资大、工期紧、任务重,会遗留下很多问题待使用中解决,对日后码头运营维护造成很大的压力;另一方面,由于很多码头等港口设施年久失修,船舶又经常超出设计靠泊能力停靠作业,码头过载、疲劳、腐蚀、老化等问题不断出现。有些码头在远未达到设计使用寿命时就出现耐久性严重退化的现象,加之极端天气的不断出现,产生安全隐患的概率越来越大。但是,码头结构健康状况直接关系到生命财产安全,关系到船舶靠离泊和货物装卸作业的安全,关系到港口能否正常运营生产,因此,码头结构安全隐患问题亟须解决。

目前,对于码头等港口水工建筑物的健康状态评估,主要采用经验法并结合相关的检测试验,如通过目测巡视检测混凝土的外观是否有损坏,通过全站仪、水准仪等测量仪器检测结构整体的不均匀沉降、水平位移和倾斜,采用应力波法检测桩基完整性,通过加速度测量检测结构整体稳定性,通过应变传感器检测结构的受力情况,通过测斜仪、孔隙水压力观测仪以及钻孔检测方法检测土体变形和土体性能等。工程检测是保证工程质量的一种有效手段,在具有诸多优点的同时也有与生俱来的局限性,如现有的检测方法操作复杂,受环境影响较大,部分隐蔽工程无法直接检测,且恶劣天气条件下无法正常作业;而且属于定期检测,时效性差,不能实现对码头结构健康状态的实时监测,使人们很难快速掌握突发情况,无法及时预知危险而提前预警。此外,部分检测结果依赖检测人员的主观判断,因而具有多歧性;现有的检测技术手段仍然需要改进和提高,诸如对于基于氯离子侵蚀的结构寿命预测、在役基桩完整性检测等问题均无法得到满意的结果。

港口水工建筑物全寿命周期健康监测技术是通过对码头等港口水工结构的物理力学性能进行无损监测,实时监控港口工程结构的整体行为,对结构的损伤位置和程度进行诊断,对结构的服役情况、可靠性、耐久性和承载能力进行评估,为港口工程结构在突发事件下或使用状况严重异常时触发预警信号,为港口设施的维修、养护与管理决策提供依据和指导。整个监测系统就是一座"现场实验室",具有结构监控与评估、设计验证、健康监测技术研究与发展三方面的意义。

当前港口的大规模生产及港口工程结构健康监测技术的不完善,给码头等港口设施安全运行带来了前所未有的压力。因此,非常有必要对港口水工建筑物结构健康监测项目、指标、方法进行梳理,在传统检测技术基础之上,将传感器、物联网、数据库等新兴信息技术引入码头健康监测领域,在行业内推广应用,实时掌握码头结构的承载情况、健康状态,快速定位、排查各类安全隐患,保障全国港口码头安全运营。

1.2　研究的必要性

为了实时监测港口工程结构的健康状态,建立港口工程结构的健康监测系统是很有必要的。通过监测码头等港口设施主要受力构件的应力(应变)、变形、结构振动特性、船舶撞击力及混凝土结构耐久性等性能指标,判定结构的安全状态,可有效提高港口设施的运行安全性,为泊位的能力提升及港口设施维护管理提供科学数据,对促进港口水工建筑物长期性能健康监测技术的发展及码头结构设计理论的提高具有重要意义。

港口水工建筑全寿命周期健康监测技术研究与应用的必要性主要表现在以下6个方面。

第1章　绪论

1）是提升港口水工建筑物结构健康监测技术水平、弥补现有检测手段不足的需要

结构健康监测技术在桥梁、建筑领域已有较多应用,而在港口水工建筑物结构健康监测方面应用较少。并且,目前针对港口水工建筑物结构安全的检测方法的缺点表现在操作复杂、受环境影响大且属于定期检测,不能实现码头结构健康状态的实时监测,很难快速掌握突发情况。而与传统检测方法相比,结构健康监测系统可实现结构全寿命周期监测、实时监测,监测过程不受恶劣环境影响,并且基于监测数据可实现结构的灾变预警,具有自动化程度高、可实现无人化操作、对突发状况反应及时等优点。因此,开展港口水工建筑全寿命周期健康监测技术研究是提升港口水工建筑物结构健康监测技术水平、弥补现有检测手段不足的重要手段,开展相关研究工作非常有必要。

2）是保障码头生产运营安全的重要手段,是泊位能力提升的重要技术依据

港口水工建筑物长期健康监测系统可实时监测码头结构的应力状态、受荷水平,可对码头出现的超载运营、船舶撞损等突发状况实时捕捉结构响应,并可及时进行码头安全状态评估,实时掌握结构的健康状态,积累长期的反映结构安全状态的力学指标,为后期码头减载靠泊、加固改造等能力提升工作提供及时、有效的科学数据,为将来码头泊位等级的提升奠定基础。

3）有助于准确掌握运营期港口设施的健康状况,为设施维护管理提供决策依据

码头结构健康监测系统可长期监测结构的性能状态,使人们能及时掌握结构的损伤状况并进行科学判断和评价,准确预测结构维修和维护的时间节点,并可对维修效果进行跟踪,实现针对性强、效率高的港口设施维护管理,有效降低维护成本,保证设施维护管理的科学性和高效性。

4）有助于打造"品质工程",引领码头建设新高度

2016 年全国交通运输工作会议要求提升基础设施品质,推行现代工程管理,开展公路水运建设工程质量提升行动,努力打造"品质工程"。本研究依托工程之一的天津港南疆 27 号通用码头工程是天津港 2016 年的重点建设工程,水工结构设计和建设标准较高(建设 20 万吨级通用散货泊位,水工结构按靠泊 30 万吨级散货船舶设计和建设),若建设健康监测系统,该码头将成为全国首个采用健康监测系统的新建码头,成为智能码头建设的示范工程。通过码头结构健康监测系统的安装,在结构内部植入光纤光栅传感器,后期可以通过三维显示系统实时监测码头结构安全,为工程的建设和运营管理提供技术保障。传统的工程实体建设和现代的健康监测系统结合,是"品质工程"要求的内在质地和外在品位核心要素结合的充分体现。

5）是开展结构设计验证与大型船舶撞击荷载统计分析的需要

我国水工设计理论相对保守,实践证明,很多码头结构预留安全储备较高。通过本系统

可直接监测结构受力变化,验证设计成果,提升设计水平。在护舷上布置传感器监测船舶荷载,可结合测量靠泊速度、角度,经统计分析得到不同船型的靠离泊规律,提升船舶靠离泊管理水平,提高泊位作业效率。

6)有助于促进规范更新,提升行业技术水平

结构健康监测系统在跨海(江)桥梁、长大隧道等领域应用较多,效果明显,而在大型沿海港口应用工程方面鲜见应用案例。码头结构健康监测系统的建设可积累很多宝贵的技术数据,具有较强的技术创新性,预期成果可加快规范更新,大幅提高行业水平,促进技术的进步和发展。

港口码头结构监测系统示意图如图 1-1 所示。

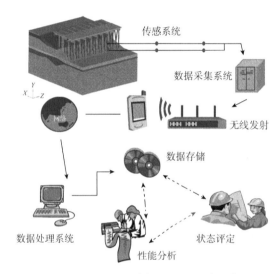

图 1-1 港口码头结构健康监测系统示意图

1.3 国内外现状分析

由于测试系统、数据处理技术以及数据传输技术的进步,长期的结构健康监测成为评估结构表现性能的重要手段。长期的健康监测系统已被成功地运用在超高层建筑、高墩大跨桥梁、大直径输水管道等领域,比如广州塔上建立了具有 600 个传感器的长期健康监测系统[1],深圳证券交易中心总部大楼建立了拥有 224 个无线传感器的长期健康监测系统[2],以及香港的青马大桥建立了拥有 223 个传感器的长期健康监测系统[3],这些健康监测系统为相应结构的安全运行保驾护航。其中,广州塔健康监测系统示意图如图 1-2 所示。由于码头等港口设施一般规模较大、投资多,且所处的环境条件恶劣,一旦出现破坏会造成巨大财产损失。为了保证码头等港口设施的安全运行,建立相应的长期健康监测系统并实时对结

构的安全状态进行评估是十分必要的。此外,通过调查相关领域的研究可知,在码头等港口设施建立长期的健康监测系统并进行码头等港口设施全寿命期的状态评估,在技术上是可行的。

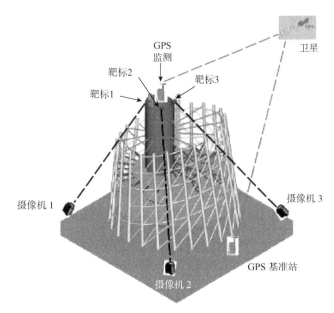

图 1-2　广州塔健康监测系统示意图

自从 20 世纪 90 年代以来,长期结构健康监测系统在欧洲、美国、加拿大、日本、韩国被成功地应用于大跨径桥梁的健康监测和安全预警方面,比如丹麦的大贝尔特东桥、加拿大的联邦大桥等[4-5]。随着监测技术的发展,基于长期监测系统的超高层建筑安全状态及疲劳寿命评估技术得到了进一步的发展,香港理工大学的倪一清教授已将长期健康监测系统成功应用于广州塔和深圳证券交易中心总部大楼的结构健康监测和安全状态评估方面[6-7]。理论研究表明,基于长期健康监测系统的结构重要构件的应变数据比基于结构振动的加速度信号更能直接反映材料的抗力及结构构件的安全可靠度,基于应变数据的健康监测系统在许多大型结构中已有较多应用,基于应变数据的结构安全性评估方法也有进一步的发展[8-11];同时,各种的应变测试仪器也被成功地应用,如电子应变仪、振弦式应变仪以及光纤应变仪等[12-13]。

但是,目前国内针对码头等港口水工建筑物健康监测技术的相关研究比较少,针对码头等港口水工建筑物长期健康监测系统应用的相关报道很少。据 2019 年发表的一篇论文描述,全世界针对港口水工建筑物结构健康监测技术方面的论文不足 30 篇,文献记载的工程应用不到 15 个[14]。孙英学、黄长虹提出了海港码头的损伤机理,描述了码头健康监测的实施方法,但没有实际的监测系统应用[15-16]。朱彤在大连新港某 30 万吨级原油码头的沉箱式

港口水工建筑物全寿命周期健康监测技术研究与应用

靠船墩及附属的拱桥上建立了健康监测系统,并获得了相关的数据,但没有提出基于实测数据的码头结构安全状态评估方法且系统的测试能力较弱,仅是码头健康监测系统的初探[17]。刘现鹏等人在天津港某在役高桩码头结构上设计并施工了健康监测系统,这是国内首次将结构健康监测系统应用于在役高桩码头结构[18],对推动港口水工建筑物结构健康监测技术的发展和进步具有重要意义。而对于新建高桩码头结构,目前还没有关于结构健康监测系统应用的报道,尤其是针对船舶撞击力的长期在线监测技术方面研究较少。目前,对于船舶撞击力测试方面的研究多为试验性质,一般属于临时性测试,测试完成便马上拆除,并非长期连续监测,而且测试时一般是独立安装测力装置,测力装置并不在码头护舷位置[19],这样将导致测试到的撞击力与实际靠泊状态不太一致。而对于利用码头护舷测试船舶撞击力的研究,测试时通过测试护舷的变形量以及护舷的性能曲线反算船舶撞击力大小[20],这种做法不直接且精度低,不适合船舶撞击力的长期在线监测。此外,针对钢筋混凝土结构的耐久性监测技术仍不完善,尽管有德国的阳极梯监测系统、丹麦的锈蚀监测系统以及美国的 ECI(Embedded Corrosion Instrument,埋入式腐蚀设备)监测系统,但在监测数据评定方面没有统一的标准,导致目前在监测数据评定方面做法不一,影响了钢筋混凝土结构耐久性监测技术的发展。

根据国内外文献记载,结构健康监测技术在土木工程中的应用始于 20 世纪 70 年代末,而结构健康监测技术首次在港口码头中的应用时间是 2000 年;在我国,结构健康监测技术在港口码头中的第一个工程应用案例出现于 2011 年。可见,港口水工建筑物结构健康监测技术的发展明显滞后于其他结构领域。因此,对于港口水工建筑物的长期健康监测系统及基于此的结构安全状态评估方法需要进一步研究。

码头等港口水工建筑物是货品装卸、运输的重要平台,港口工程设施的结构安全状况直接影响到船舶停靠与货品装卸过程的安全性,及时获取码头结构的健康状态数据是保证码头生产运营安全的关键。但码头等港口设施服役的海洋环境条件恶劣,结构在承受较大工作荷载的同时,还经受着如大浪、风暴潮、台风等荷载的共同作用,在这种服役环境下,码头等港口设施极易出现损伤,导致结构整体抗力降低,引起港口设施的安全性降低。目前针对港口设施健康状态的获取多采用人工定期检测的方式,其缺点是属于定期检测、时效性差、受现场环境影响大、恶劣天气状况下难以实施工作且无法及时掌握突发荷载状况下的结构力学性能状态,不可实现结构的灾变预警。因此,为了实现港口水工建筑物的健康监测与安全预警,开展港口工程结构健康实时在线监测技术研究很有必要。码头等港口水工建筑物的服役环境复杂恶劣,这给传感器的布设增加了一定的困难,但耐腐蚀性较好的光纤应变仪可以解决这一困难[21],且可以吸收桥梁、建筑等领域的健康监测技术及相关评估方法,故开展港口水工建筑物全寿命期健康监测技术及相关评估方法研究是可行的。

第 1 章 绪论

近年来,在设计方法及建设技术方面有了较大进步,使得结构的可靠性及安全性有了较大提高,但是在许多不可预知的条件和环境作用下,以及环境锈蚀和长期疲劳效应造成的结构性能退化情况下,结构仍然存在失效的可能。比如,美国土木工程师协会调查后发现,在美国三分之一到一半的基础设施存在结构缺陷,结构的安全性值得关注。

由于经济繁荣发展,在过去的 20 年间,我国建设了大量大型和复杂的土木工程结构,如大跨径桥梁、高层建筑和大空间结构。根据其他国家在快速发展时期的经验教训,有缺陷的工程结构需要巨大的费用和努力去维护加固。因此,经济有效的结构维护需要准确可靠的损伤检测方法。

常用的结构损伤检测方法有外观检测法和无损检测方法。其中,无损检测法主要有声波或超声波检测法、磁力检测法、射线成像法、涡流检测法和温度场检测法等。以下将介绍一些常用的结构无损检测技术的基本原理、设备、应用程序、优势和局限性,包括超声波脉冲速度法、冲击回波法/脉冲响应法、声发射法、射线成像法、涡流检测法、红外热成像检测法和基于振动特性损伤诊断法。

1.3.1 港口水工建筑物结构无损检测技术

1.3.1.1 超声脉冲速度法

超声脉冲速度法已在混凝土质量评估方面应用多年。该方法的原理是:基于压缩波脉冲的速度是关于传播介质的弹性属性和密度的函数。超声脉冲速度法主要应用于混凝土强度评估、混凝土均匀性的确定、砂浆的凝结硬化过程监测、砂浆的开裂和性能退化检测、混凝土动态弹性模量测定等。

测试设备由脉冲发生器和接收器组成,脉冲发生器产生脉冲信号在混凝土中传播,然后由接收器探测脉冲信号的到达时间及传播所经历的时间。用于混凝土检测的常用的传感器频带为 25~100kHz。高频传感器(高于 100kHz)主要用脉冲传播路径短的小尺寸试件,而低频传感器(小于 25kHz)主要用于脉冲传播路径长的大尺寸试件。超声脉冲速度法的传感器布置方式主要有三种,即直接传播布置、半直接传播布置和间接传播布置,具体如图 1-3 所示。

超声脉冲速度法是一个非常好的测试混凝土均匀性的方法,测试程序简单、易操作。除了混凝土性能因素外,传感器的接触是否良好、混凝土温度、脉冲传播路径、钢筋等因素也会影响脉冲速度,因此,应小心使用超声脉冲速度法,消除不利因素的影响,做到脉冲速度只和混凝土特性相关。

1.3.1.2 冲击回波法/脉冲响应法

冲击回波法是采用机械撞击产生一个高能量的应力脉冲,应力脉冲以横波和纵波的方

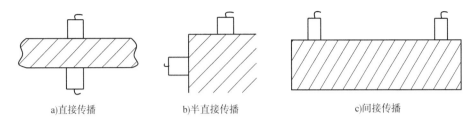

图 1-3 超声脉冲速度法测量装置布置

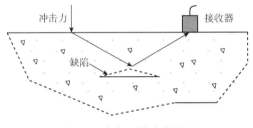

图 1-4 冲击回波法的原理

式沿着球面波方向在被测物中传播,传播过程中会被被测物体的内部界面(如缺陷)或外部边界反射。反射波或回声会被接收传感器接收,经分析后可检测缺陷的深度。冲击回波法的工作原理如图 1-4 所示。

当撞击能量在被测物内沿多方向传播时,反射波也会被多方向反射回来。冲击回波法主要用于测试桩,桩基的边界可以将大部分振动能量限制在桩体内,即低应变完整性测试。除了用于桩基测试,该方法也被用于混凝土板或板状结构的裂缝、孔洞和分层的检测。ASTM C1383(ASTM 2004)规范指定采用冲击回波法测量板状混凝土构件的厚度。

一个冲击回波测试系统由三部分组成:数据采集系统、激振源和接收传感器。其中,数据采集系统配备用于信号分析和数据管理的软件。激振源选择是否合理是冲击回波测试系统测试成功与否的关键。冲击力的时程曲线可以近似为半正弦曲线。激振持续时间,即接触时间决定了冲击产生的应力波的频率成分,接触时间越短,应力波包含的高频成分越多。因此,较小的缺陷或浅层缺陷可以被检测到。地震检波器(速度传感器)或加速传感器可以用作接收器。

一种类似的冲击测试法是脉冲响应法,也称瞬态响应法或阻抗测试方法。与冲击回波法不同,此方法的冲击力可被冲击锤上的传感器记录到。由记录到的冲击力时程数据和结构响应数据,可以计算得到结构的传递函数。结构的传递函数代表结构的固有特性,可反映结构的材料特性、几何形状、支撑条件以及存在的缺陷。测试时,通常测量振动速度,相应的传递函数被称为导纳。脉冲响应法主要用于测试桩基的完整性,也可用于其他结构的检测,如戴维斯采用脉冲响应法和其他无损检测方法检测评估了混凝土储罐的完整性。

1.3.1.3 声发射法

声发射是指材料在快速释放能量过程中产生应力波的现象,例如材料开裂时将会产生应力波。产生的应力波可以被设置在材料表面的传感器接收到并用于材料健康状态的评

第1章 绪论

估。目前,声发射法已被广泛应用于高速公路结构的评估,特别是用于监测材料开裂、裂缝发展状态、材料剥落、腐蚀状态等。该方法对斜拉索、主缆及预应力钢束的断裂监测也是有效的。

采用声发射法监测时,应结合监测目的和灵敏度要求选择合适的传感器。谐振传感器是非常合适的,因为其对典型声发射源十分敏感。在桥梁监测中,单向传感器和对平面波敏感的传感器是更合适的。

声发射法可在不中断桥梁交通的情况下用于结构局部、整体及连续性的监测。其可以检测并定位结构的裂缝,但不能确定裂缝的大小,故对实际结构损伤的定量分析仍然是很困难的。此外,外界噪声也可能造成测量结果的错误,如螺栓的轻微运动也可以产生声波信号,可能导致错误的损伤检测结果。

1.3.1.4 射线成像法

射线成像法的设备通常由一个放射源和一个图像收集器组成。射线会直接通过试样并在试件另一面成像。不同的材料使射线衰减的程度不同,如钢材会使 X 射线和 γ 射线的衰减程度比混凝土强。因此,利用射线衰减程度的不同可以使试件的内部结构成像。射线成像法通常采用 X 射线和 γ 射线的辐射源。

射线成像法主要用于检验焊接产品和铸造产品的缺陷。Dufay 在法国采用 X 射线开展了预应力桥混凝土的检测工作,用于预应力桥的状态评估,检测项目主要包括灌浆质量、混凝土质量和预应力钢缆的状态。功能强大的计算机断层扫描技术可实现被测物内部结构的三维成像,可确定被测物的尺寸、形状、内部缺陷和密度。该技术的实质是在不同方向对被测物进行射线成像,然后通过计算机处理构造三维图像。

常见的射线成像技术可以快速准确地检测出被测物内部的特征,其他无损检测方法做不到。但是,射线成像设备通常笨重且功耗大,设备经常需要 250kV~4MV 的电源用于穿透基础设施中厚度和密度大的材料;现场应用中,设备的便携性和如何搬运到被测对象附近是两个主要问题。

1.3.1.5 涡流检测法

涡流检测法是采用电磁感应检测导电材料的缺陷的方法。采用此方法检测时,一个带电流的圆形探头线圈放置在靠近试样的地方,线圈的交流电产生一个变化的磁场,使得被测试件内产生涡流。试件的内部缺陷会导致涡流的变化,涡流变化可被探头线圈检测到。涡流检测法主要用于材料表面或内部的裂缝检测,也可用于材料的腐蚀厚度检测、油漆等涂层厚度的测量。

依据应用目的的不用,涡流检测仪有多种配置。涡流检测仪的最基本配置是一个交流电源和一个电流或电压表,探针线圈与交流电源相连,电流表或电压表测量线圈内部的电流或电压变化。

涡流检测法可检测到材料表面或接近表面的很小的裂缝,对形状和大小非常复杂的结构检测同样有效。

此方法的缺点主要有以下几个方面:

①只能对导电材料进行检测。

②探针必须能够接近材料表面。

③探测深度是有限的,而且随着深度的增加,涡流密度逐渐降低。

④探测不到材料分层等平行于探针的裂缝。

1.3.1.6 红外热成像检测法

红外线的波长比可见光大,温度高于 $0°K(273.15℃)$ 的任何物体都会向外辐射红外能量,人眼看不见但可以用红外摄像机检测到红外能量。红外热成像检测法主要用于物体温度或温差的测量,它可简单地用于检查电子元件或机械系统的缺陷,因为缺陷可导致局部温度的增加。

在进行桥梁结构检测时,结构的温度测量可在白天或晚上进行,只要结构与和环境之间有热传递即可。固体混凝土是一个相当好的热导体,且混凝土内部的热对流可以忽略。如果混凝土存在空洞,则热传导路径将会被阻断,热流的阻断会导致材料表面的温度有差异,这可以被红外摄像机检测到,进而确定缺陷的存在。实践证明,红外热成像技术在路面和桥梁面板状态检测方面是一种经济准确的方法,该方法已被纳入 ASTM D4788 标准中。

但是,各种因素会影响物体表面影响的测量,如太阳辐射、云、环境温度、风速及表面湿度。因此,热成像测试应该在没有厚实的云层、风速低于 15mile/h(约合 24.14km/h)、物体表面处于干燥状态时进行。

一套完整的热成像测试分析系统包括红外传感器、红外扫描系统、数据采集系统和图像存储回放设备。整个系统可以安装在一个专用检测车上对桥面板进行检测评估。

红外热成像技术是一种面域测试技术,与其他无损检测方法的点测量技术不同。当进行大面积检测时,该方法比其他穿透式的检测方法更有效。但此方法的缺点是无法检测材料空隙深度和厚度。

1.3.1.7 基于振动特性损伤诊断法

基于振动的损伤诊断方法属于结构整体性检测方法。这些方法建立的前提是测量得到结构振动量,如结构振动响应的时程曲线及结构整体的振动特征,这些量是关于结构的质量、刚度、阻尼及边界条件等物理特性参数的函数。因此,结构物理特性参数的变化,如裂缝的出现及连接的松动导致的刚度减少,会导致结构整体量的改变,改变量可以被相关设备检测到。

在20世纪70年代,石油行业中建立了基于振动的结构损伤诊断方法,用于海洋平台的损伤诊断。20世纪70年代末和80年代初,随着航天飞机的发展,航天产业开始研究这种基于振动的结构损伤诊断方法。20世纪80年代初,开始研究基于振动的桥梁结构的损伤诊断方法。然而,迄今为止基于振动的损伤诊断方法最成功的应用是在监测旋转机械方面。

基于使用的算法,可以将损伤诊断方法分为直接相关法(无模型)和模型修正法(基于模型)。前者是直接比较损伤发生前后的动态参数变化,而后者是通过迭代方法修正结构参数。模型修正法可通过分析结构刚度和质量的变化确定结构损伤位置和损伤程度,而直接相关法通常不能量化损失程度。

根据采用的动力参数不同,结构损伤诊断方法可分为时域法、频域法和时频分析法。时域法主要是针对结构的加速度等时程曲线进行分析,通常是基于惯性力、恢复力和阻尼力的误差方程实现损伤诊断。一些学者也提出基于时间序列的统计特性损伤指标,如高阶弯矩、时域周期图等。时频分析法是基于时频分析工具实现结构损伤诊断,如小波变换和Hilbert-Huang变换。在过去的10余年里,时频分析法在结构损伤诊断中得到了发展和应用。而且大多数基于振动的损伤诊断方法是将振动信号从时域转换为频域进行分析的,使用的分析工具有频响函数、结构固有频率、阻尼、振型、振型曲率、柔度模态和模态应变能。但应指出的是,尽管相关学者提出了非线性的结构损伤诊断方法,但应用案例相对较少。目前线性的结构损伤诊断方法仍被广泛采用,其优势在于结构损伤前后的动力响应可通过线性动力方程得到。

1)基于频率变化的损伤诊断方法

固有频率是结构的最基本振动参数,直接测量固有频率(或特征值)变化的损伤诊断方法被广泛采用。Cawley和Adams首次建立了基于结构损伤前后频率变化的损伤诊断方法公式,对于无阻尼体系,结构的特征值方程可表示为式(1-1):

$$(-\lambda_i[M]+[K])\{\boldsymbol{\Phi}_i\}=\{0\} \tag{1-1}$$

其中,$[M]$和$[K]$分别为质量矩阵和刚度矩阵;λ_i是第i阶特征值;$\{\boldsymbol{\Phi}_i\}$是第i阶振型向量。假设损伤不影响损伤结构的质量,仅导致刚度矩阵的变化,变化量为$[\Delta K]$,则式(1-1)变为:

$$[-(\lambda_i+\Delta\lambda_i)[M]+([K]+[\Delta K])](\{\boldsymbol{\Phi}_i\}\{\Delta\boldsymbol{\Phi}_i\})=\{0\} \tag{1-2}$$

其中,$\Delta\lambda_i$和$\{\Delta\boldsymbol{\Phi}_i\}$分别是由损伤引起的结构特征值的变化量和振型向量的变化量。将上式左乘矩阵$\{\boldsymbol{\Phi}_i\}^T$,并将式(1-1)代入式(1-2),同时忽略高阶振型的影响,可得:

$$\Delta\lambda_i = \frac{\{\boldsymbol{\Phi}_i\}^{\mathrm{T}}[\Delta K]\{\boldsymbol{\Phi}_i\}}{\{\boldsymbol{\Phi}_i\}^{\mathrm{T}}[M]\{\boldsymbol{\Phi}_i\}} \tag{1-3}$$

以 $\Delta\lambda_i/\Delta\lambda_j$ 为结构第 i 阶和第 j 阶特征值变化量之比,该比值可由无损伤状态下的结构参数获得。误差指标 e_{rij} 定义为 $\Delta\lambda_i/\Delta\lambda_j$ 的计算值与实测值之间的差值,当损伤位置位于 r 时,可以表示为下式:

$$e_{rij} = \begin{cases} \dfrac{(\Delta\lambda_{ri}/\Delta\lambda_{rj})^{\mathrm{A}}}{(\Delta\lambda_{ri}/\Delta\lambda_{rj})^{\mathrm{E}}} - 1, & (\Delta\lambda_{ri}/\Delta\lambda_{rj})^{\mathrm{A}} \geqslant (\Delta\lambda_{ri}/\Delta\lambda_{rj})^{\mathrm{E}} \\[2mm] \dfrac{(\Delta\lambda_i/\Delta\lambda_j)^{\mathrm{E}}}{(\Delta\lambda_{ri}/\Delta\lambda_{rj})^{\mathrm{A}}} - 1, & (\Delta\lambda_{ri}/\Delta\lambda_{rj})^{\mathrm{A}} < (\Delta\lambda_i/\Delta\lambda_j)^{\mathrm{E}} \end{cases} \tag{1-4}$$

其中,上标"E"和"A"分别代表实测和计算值。设损伤位置位于 r,总误差为所有振型误差的和,则误差最小值的位置即为损伤的位置。

后期,Stubbs 和 Osegueda 基于 Cawley 和 Adams 的工作提出了灵敏度法并用于结构的损伤识别。Hearn 和 Testa 在单元水平上提出了一种类似的损伤诊断方法。随后,基于频率变化的损伤诊断方法得到较大发展。

Adams 和 Coppendale 讨论了温度对结构固有频率的影响。Adams 考虑了温度影响,采用基于固有频率变化的损伤识别方法对空间桁架结构多种损伤进行了诊断。

基于固有频率变化的损伤诊断方法的优点在于频率的变化可以采用较少的传感器测量得到,并且测量精度比其他动力参数要高。但该方法的缺点在于频率并不是结构的空间特性,并且频率对结构损伤不敏感,这也是该方法应用受到限制的主要原因。

2)基于振型变化的损伤诊断方法

在基于振型变化的损伤诊断方法中,通常采用 MAC(模态保证准则)及其变化作为损伤诊断指标。MAC 值表示振型的相同程度。结构计算模型和实测试验中,结构相关的振型对必须能够被识别。COMAC(Coordinate MAC)是与结构的自由相关的参数,并非振型阶数,其可表示为式(1-5)~式(1-6):

$$\mathrm{MAC}(\{\boldsymbol{\Phi}_i\},\{\boldsymbol{\Phi}_j\}) = \frac{|\{\boldsymbol{\Phi}_i\}^{\mathrm{T}}\{\boldsymbol{\Phi}_j\}|^2}{(\{\boldsymbol{\Phi}_i\}^{\mathrm{T}}\{\boldsymbol{\Phi}_i\})(\{\boldsymbol{\Phi}_j\}^{\mathrm{T}}\{\boldsymbol{\Phi}_j\})} \tag{1-5}$$

$$\mathrm{COMAC}([\boldsymbol{\Phi}^{\mathrm{u}}],[\boldsymbol{\Phi}^{\mathrm{d}}],q) = \frac{\left[\sum_{i=1}^{}|(\boldsymbol{\Phi}_i^{\mathrm{u}})_q(\boldsymbol{\Phi}_i^{\mathrm{d}})_q|\right]^2}{\left[\sum_{i=1}^{}(\boldsymbol{\Phi}_i^{\mathrm{u}})_q^2\right]\left[\sum_{i=1}^{}(\boldsymbol{\Phi}_i^{\mathrm{d}})_q^2\right]} \tag{1-6}$$

其中,q 为自由度,上标"u"和"d"分别代表未损伤状态和损伤状态。若结构完好,相关性或协调相关性的值应该接近 1.0。

Kim 已证明 COMAC 能够确定裂缝的位置;Ko 等人也指出,COMAC 可以用来定位裂缝位置但是 MAC 不能。Salawu 对一座多跨混凝土高速公路桥梁结构修缮前后实施了现场振动测试,采用了 MAC 和 COMAC 指标去诊断并定位结构修复的位置,以此建议 MAC 的临界值为 0.8 且频率变化超过 5%,则可认为结构存在损伤。

在结构模型中,利用 COMAC 可以很容易地检测到结构损伤或确定损伤的位置。但与其他方法相比,COMAC 缺乏必要的物理基础。Maia 建议当结构在完全自由状态下被检测和建模计算时,可以采用此方法进行结构损伤识别。Farrar 指出直接比较结构损伤前后的振型对于结构损伤识别是无效的,除非结构破坏得相当严重。

3) 基于模态阻尼变化的损伤诊断方法

测得的结构模态阻尼比通常不如频率和模态振型精确,模态阻尼比不能作为损伤诊断指标。Brownjohn 首次采用阻尼比来诊断结构的损伤。Salane 对一个组合桥模型和一个组合公路桥梁实施了振动试验,发现构件边缘被切口后,实验室中的结构模型阻尼比是下降的,而在实际桥梁结构中,结构阻尼比是先上升随后下降的。Ndambi 研究了结构模态阻尼比的原理,并将其作为诊断指标对预应力混凝土梁结构进行了损伤诊断。Keye 利用阻尼比对碳纤维加固的聚合物复合材料板的分层损伤进行了诊断并且利用瑞利阻尼假定,可以采用有限元计算得到结构模型损伤前后的阻尼比变化,通过与实测的阻尼比变化的相关性比较可以诊断结构的损伤。

4) 基于频响函数变化的损伤诊断方法

Ibrahim 采用误差指标计算了在离散频率点实测得到的频响函数向量的欧氏(欧几里得)范数,具体如式(1-7)所示:

$$e(\boldsymbol{H}_i^j) = \frac{\|H_{ij}^{\mathrm{A}} - H_{ij}^{\mathrm{E}}\|}{\|H_{ij}^{\mathrm{A}}\|} \tag{1-7}$$

其中,$\boldsymbol{H}$ 为频响函数矩阵;上标"A"和"E"分别代表分析结果和试验结果。

Pascual 等人提出了一个相关性指标,用于衡量实测频响函数与计算的频响函数之间的相关性,类似 MAC 技术,计算公式如下:

$$\mathrm{FDAC}(\omega_{\mathrm{A}}, \omega_{\mathrm{E}}, j) = \frac{|\{\boldsymbol{H}_j^{\mathrm{A}}(\omega_{\mathrm{A}})\}^{\mathrm{T}}\{\boldsymbol{H}_j^{\mathrm{E}}(\omega_{\mathrm{E}})\}|^2}{[\{\boldsymbol{H}_j^{\mathrm{A}}(\omega_{\mathrm{A}})\}^{\mathrm{T}}\{\boldsymbol{H}_j^{\mathrm{A}}(\omega_{\mathrm{A}})\}][\{\boldsymbol{H}_j^{\mathrm{E}}(\omega_{\mathrm{E}})\}^{\mathrm{T}}\{\boldsymbol{H}_j^{\mathrm{E}}(\omega_{\mathrm{E}})\}]} \tag{1-8}$$

其中,ω_{A} 和 ω_{B} 分别为结构的计算圆频率和实测圆频率。

Samman 对一座横梁存在裂缝的缩尺桥梁模型进行了动力特性测试,测得了其频响函数的变化,介绍了模式识别方法。该方法利用频响函数的整体斜率和波形曲率进行分析,并非波形峰值,且每个梁仅需读取一个频响函数值即可进行损伤诊断和损伤定位。

Wang 提出了一种用于诊断结构连接损伤的损伤识别方法。该方法采用两组实测的子结构频响函数值进行结构损伤识别,其中一组为存在连接作用的子结构频响函数值,一组是无连接效应的子结构频响函数值。但应用此方法时,应采取相应方法克服测量过程中会导致错误识别结果的噪声问题。数值模拟和试验结果验证了该方法具有足够的识别精度。

Biswas 提出了用于快速诊断结构小损伤的修正的链码法,其中基于斜率和曲率的特征来源于平均复合频响函数特征。在一个由三钢梁支承一块混凝土板的梁桥梁模型锤击振动试验测试中,通过采用无损特征与损伤特征相比较的方法,可以检测到小于 4mm 的裂缝,即使在噪声较大的环境中,该方法依然是有效的。

Xia 采用两种基于频响函数的损伤指标识别梁板式桥梁模型抗剪连接构件的损伤。该方法认为,抗剪连接件存在损伤会导致板在一定程度上从横梁上分离,因此,板附近的点的动力响应与梁上动力响应不同。该方法中,一个损伤指标的表达式为式(1-8),式中利用了梁和板的竖向频响函数;另外一个损伤指标是各频响函数欧氏范数的差异,采用这两个指标可以准确地识别抗剪连接件的损伤。该方法的优点是不需要参考数据,如不需要结构损伤前的振动数据,并且当板、梁位于相同工作环境中,同时对其进行振动测试时,环境变化对其影响较小。

基于结构频响函数变化进行结构损伤识别的方法具有诸多优势。但此类方法的缺点在于,应用此类方法时,需要结构外界的输入信息去构建结构的频响函数,这对大型土木工程结构是非常困难的。

5)基于振型曲率变化的损伤诊断方法

另外一种可获取结构空间损伤信息的方法是使用振型相关量作为诊断指标,如振型曲率。该方法的原理是弯曲刚度下降会导致振型曲率增加。采用中心差分可近似得到结构的振型曲率如式(1-9)所示:

$$\Phi''_{q,i} = \frac{\Phi_{q+1,i} - 2\Phi_{q,i} + \Phi_{q-1,i}}{h^2} \quad (1-9)$$

其中,$\Phi_{q,i}$ 为测点 q 位置的第 i 阶模态位移;h 为单元的长度。

Pandey 证明振型曲率的绝对变化量能较好地反映梁结构损伤。Chance 在实施梁上人工裂缝的损伤识别实验时,发现结构振型曲率对结构局部损伤较为敏感,而振型对其不敏感。但应当指出的是,由于数值微分计算的难度,基于振型曲率的损伤识别方法的精度受到限制,并且该方法在某些时候的敏感性可能是错误的,因为振型数据中一个小的噪声即可能导致一个完全不同的结果。

6)基于模态应变能变化的损伤诊断方法

欧拉梁的应变能是由 Stubbs 提出的,其表达式为:

$$U = \frac{1}{2} \int_0^L EI \left(\frac{\alpha^2 w}{\alpha x^2} \right) dx \quad (1-10)$$

其中，EI 是梁的抗弯刚度，L 是梁的总长度，w 为梁上的分布荷载。结构第 j 阶振动对于第 i 阶振型 $\Phi_i(x)$ 的贡献可表示为式(1-11)：

$$U_{ij} = \frac{1}{2} \int_{a_j}^{a_{j+1}} EI_j \left(\frac{\partial^2 \Phi_i}{\partial x^2}\right)^2 dx \qquad (1-11)$$

其中，a_j 和 a_{j+1} 是梁单元的节点坐标。单元的应变能可以作为损伤指标。Cornwell 以二维曲率表征的方式进一步发展了此方法，用于板结构的损伤识别。Shi 定义了第 j 个单元的第 i 阶的模态应变能（MSE），表达式如式(1-12)所示，结构损伤后 MSE 的变化率可作为结构损伤定位的指标：

$$MSE_{ij} = \{\Phi_i\}^T [K^e]_j \{\Phi_i\} \qquad (1-12)$$

虽然基于结构振型变化及振型相关量的损伤识别方法可以提供结构损伤位置的空间信息，但这些方法在应用中存在着一些局限性：第一，需要大量的测点确定结构的振型和振型曲率；第二，振型比频率统计变化大；第三，模态曲率法很难用于形式复杂的结构；第四，结构损伤识别时，必须选择一个特定振型作为指标，但结构的特定损伤对结构哪阶造成显著的影响是很难获知的。

7）基于柔度变化的损伤诊断方法

利用质量归一化的振型，结构的柔度矩阵可表示为：

$$[F] = [\Phi][\Lambda]^{-1}[\Phi]^T = \sum_{i=1}^{n} \omega_i^{-2} \{\Phi_i\}\{\Phi_i\}^T \qquad (1-13)$$

其中，$[F]$ 是柔度矩阵；$[\Phi]$ 是振型矩阵；$[\Lambda] = \text{diag}(\omega_i^2)$；$\omega_i$ 是圆频率。从式(1-13)中可以看出，当频率增加时，高阶振型对柔度矩阵的贡献减小。因此，可以利用几阶低阶模态建立精度较高的柔度矩阵，并不需要结构的高阶模态，并且高阶模态很难精确测得。

Raghavendra 证明了柔度对结构的局部损伤比频率和振型更敏感。Pandey 提出了一种基于柔度矩阵的损伤识别方法，对自由状态的钢梁损伤进行了识别，该方法和 Farrar 提出的相关方法同时被应用在位于新墨西哥州跨越格兰德河的钢结构桥的人工损伤的识别中。但试验结果表明，这种方法在实际工程应用中是不可行的。

8）比较分析

Wang 为了选择对损伤敏感的诊断指标，研究了结构各个振动参数对结构损伤的敏感性。结果表明，结构模态参数（阻尼频率、固有频率和振型）对结构损伤并不敏感，但当激振频率接近结构固有频率时的频响函数对结构损伤是敏感的。目前，有 5 种损伤诊断算法，即一维应变能法、振型曲率法、柔度改变法、振型曲率和柔度变化结合法与刚度变化法，这些方法均被应用于新墨西哥州跨越格兰德河的钢结构桥的人工切槽损伤的识别试验中。总体来看，对于严重的损伤，比如一个从工字钢腹板完全穿透到下翼缘的切缝，所有的方法均能正确识别损伤的位置;但当损伤程度较轻时,这些方法的识别结果并不一致,而且不能清晰地识别出损伤的位置。检测结果表明,应变能法在这些方法中的表现最好。

Cornwell 采用了两种不基于有限元模型的损伤识别方法进行了损伤识别试验,其中,一种是基于结构柔度变化的,另一种是基于应变能变化的。这两种方法被应用于铝制自由状态的工字梁和固定铝板损伤前后的损伤识别试验中。测试结果表明,这两种方法对于严重的损伤可以成功地定位,但对较小的损伤无效。Zhao 指出模态柔度对损伤的敏感性比固有频率和振型更强。

1.3.2　港口水工建筑物结构监测技术

结构健康监测技术是通过安置在结构各重要构件上的传感器,对结构的物理力学性能进行无损监测,实时监控结构的健康状态,对结构的损伤位置及程度进行诊断,并开展结构的安全性能评估,实现结构的灾变预警。目前,在桥梁、建筑领域常用的结构健康监测技术主要是基于电信号传感的结构健康监测技术、基于光信号传感的结构健康监测技术、基于GPS(Global Positioning System,全球定位系统)/GNSS(Global Navigation Satellite System,全球导航卫星导统)信号的结构健康监测技术以及多种技术的组合。

1.3.2.1　基于电信号传感的结构健康监测技术

基于电信号传感的结构健康监测技术的主要特点是监测系统中传感器是基于电信号感知结构被测物理量的。根据产生电信号的原理不同,传感器的工作方式又分为电容式、电感式、振弦式、电阻式、电涡流式等。电容式传感器是把物理量的变化转换为电容的变化,较适合高频振动信号的获取,如电容式的位移传感器;电感式传感器是把物理量的变化转换为线圈电感量的变化,如电感式的角位移传感器;振弦式传感器是把物理量的变化转换为弦的振动频率的变化,如振弦式应变传感器;电阻式传感器是把物理量的变化转换为电阻的变化,如电阻式应变传感器;电涡流式传感器是把物理量的变化转换为涡旋状的感应电流的变化,较适合高频振动信号的获取,如电涡流式的转动传感器等。上述类型的监测技术在目前桥梁、建筑领域的健康监测系统中均有应用,这也为构建港口水工建筑物全寿命周期健康监测系统提供了相关技术支持。

1.3.2.2　基于光信号传感的结构健康监测技术

基于光信号的传感技术主要利用光纤传感原理。光纤传感包含对外界信号的感知和传输两种功能。测试时,结构性能的变化使光纤中传输的光波的物理特征参量发生变化,测量光参量的变化即可获取结构的性能指标;传输是指光纤将接收的数据信号以光波的形式传输到解调仪中进行解析,将监测数据从光波中提取出来并按需进行数据处理。

第1章 绪论

在土木工程领域中,基于光纤光栅传感技术的结构健康监测已得到应用。通过将光纤光栅类的监测传感器布设在结构的关键位置中,实现对结构性能变化的实时监测。并且,多个光纤光栅传感器可以串接成传感网络,实现结构健康状态的实时在线监测与预警。

结构健康监测技术在港口水工建筑物领域方面的应用起步较晚,应用工程较少。港口水工建筑物结构健康监测技术逐渐发展起来。目前,光纤光栅传感器在码头等水工结构的监测中已开始应用,并取得了一定的应用效果。但在实际工程中,传感器的增敏、去敏等问题还需要进一步完善。由于光纤光栅传感器的造价较高,还没有被多数工程完全采用,并且光纤光栅传感器的耐久性尚需要时间的检验,因此,基于光纤传感原理的结构健康监测技术仍需进一步的研究工作。因光纤传感材料耐久性能优越,其在码头等水工结构监测中将有很好的应用前景。

13.2.3 基于 GPS/GNSS 信号的结构健康监测技术

GPS/GNSS 实时动态定位技术是一种基于载波相位双差模型的定位方法,可用于健康监测系统中的结构变形监测。由于结构监测的特点是不同特性的位置变化,因此不同的监测目的对监测系统的实时性、时间分辨率和位移测量精度的要求不同。在监测系统设计时,可实现结构的振动变形监测、结构的撞击变形监测以及结构基础的整体运动和形变监测,如监测码头后方的滑坡、挡土墙滑移等。基于 GPS/GNSS 信号的监测方法是开展港口水工建筑物结构健康监测系统构建的重要技术手段。

1.3.3 无损检测与监测技术对比分析

综上所述,针对结构损伤已有较多的无损检测方法,并且现有的无损检测方法在功能、检测精度方面都有良好的表现,可实现结构的损伤诊断,保障结构的运营安全。但现有的检测方法也存在一定的不足,主要表现在操作复杂、受环境影响大、现场实施危险性高且属于定期检测,不能实现码头结构健康状态的实时监测,很难快速掌握突发情况。而健康监测技术可实现结构性能的实时监测、自动化监测、无人化监测,并可基于监测数据实现结构的灾变预警,可大幅提高结构的状态管理水平。因此,开展港口水工建筑物结构健康监测技术研究是非常必要的,对提升港口设施管理水平具有重要意义。

鉴于此,本书以港口水工建筑物结构健康监测为研究对象,根据港口水工建筑物的结构组成、受力特点、服役环境等因素,开展了港口水工建筑物全寿命期健康监测系统构建与实施技术、运维平台开发等研究,将"互联网+光纤传感技术+BIM 技术"与传统结构健康监测技术有机融合,首次提出了基于"互联网+光纤传感技术+BIM 技术"的港口水工建筑物全寿命期健康在线监测技术方法,构建了适于港口水工建筑物全寿命期健康监测的系统框架,开发了首个基于BIM技术的监测系统运维平台,实现了结构力学性能和耐久性能的同步监测,形成了基于"互联网+光纤传感技术+BIM技术"的港口水工建筑物全寿命期健康在线监测成套技术,填补了行业空白。研发了船舶撞击力监测技术和装备,实现了码头船舶撞击力的实时监测;基于阳极梯传感器,提出了港口水工建筑物的耐久性监测技术方法,建立了相应的监测数据库,揭示了结构耐久性的时变规律。针对钢管桩应变及倾角监测问题,提出了一套传感器安装与保护的特殊方法,革新了钢管桩应变传感器的安装工艺,解决了传感器存活率不高等关键技术难题。项目创新了健康监测系统的实施工法,首次将BIM技术应用到港口设施维护管理领域,实现了监测系统的三维可视化管理,建立了基于监测数据的港口水工建筑物健康状态评估及预警技术,并在多个港口工程中得到了成功应用,建立了我国首个在役高桩码头结构健康监测系统和我国首个新建高桩码头的健康监测系统,实现了港口水工建筑物全寿命期健康监测系统的设计、施工、数据管理分析与三维展示,填补了港口水工建筑物结构健康监测技术领域的多个空白。本书针对现有港口水工建筑物检测技术方面的局限性,提出了智能化的港口水工建筑物全寿命期健康在线监测系统的设计、实施方法及数据展示与处理分析方法,为港口设施维护智能化管理探索了一条新的道路,提高了港口设施维护管理技术水平,研究成果对促进港口工程结构全寿命期健康监测技术水平的提升具有重要推动作用。

1.4 技术依据

①《结构健康监测系统设计标准》(CECS 333:2012)。
②《建筑与桥梁结构监测技术规范》(GB 50982—2014)。
③《港口水工建筑物检测与评估技术规范》(JTJ 304—2019)。
④《水运工程水工建筑物原型观测技术规范》(JTS 235—2016)。
⑤《水运工程混凝土结构实体检测技术规程》(JTS 239—2015)。
⑥《港口设施维护技术规范》(JTS 310—2013)。
⑦《水运工程测量规范》(JTS 131—2012)。

1.5 本书总体目标

本书旨在借助"互联网+"、光纤传感技术、BIM技术、数据库及信息处理等技术,形成一套港口水工建筑物全寿命周期健康监测技术框架体系,实现港口水工建筑物全寿命周期健

第1章 绪论

康在线监测,提出一套完整的港口水工建筑物结构健康监测系统的设计和建设方法,解决施工过程中光纤光栅传感器埋设、保护、系统组网等关键问题,基于依托工程建立一套软土地基上大型新建高桩码头结构的长期健康监测系统,为码头结构的生产运营安全提供保障,提升港口设施养护管理信息化智能化水平;同时,将研究成果在行业内进行推广,从而促进智慧交通、平安交通建设,提高港口水工建筑物的运营安全水平,并为水运工程结构健康监测相关技术规范的制定提供依据,促进水运工程结构健康监测技术的发展。

第 2 章　港口水工建筑物全寿命周期健康监测系统框架构建与实施方法

2.1　引　言

港口水工建筑物结构健康监测系统是通过安置在结构各重要构件上的传感器,对结构的物理力学性能进行无损监测,实时监控结构的健康状态,对结构的损伤位置及程度进行诊断,并开展结构的安全性、使用性和耐久性评估,实现结构的灾变预警,为港口工程结构的运营、维修、养护与管理决策提供依据和指导。健康监测不仅对港口工程结构的安全运营起到实质保障作用,同时也为检测人员带来了极大的便利,提高了港口工程结构安全监测的自动化、智能化水平。

结构健康监测技术是一项综合学科,涉及传统的结构力学、断裂力学、建设材料学、工程地质学等基础理论,同时采用了当下流行的数据自动采集、数据无线传输、数据处理等相关先进技术,利用各类传感器对结构的特征信息进行采集,然后基于相关算法对采集到的数据进行处理,来预测结构的各种响应及限定一些不利于结构正常运行的响应,从而形成适合沿海港口水工建筑物结构安全运行和评定的健康监测系统。

2.2　港口水工建筑物全寿命周期健康监测系统的总体设计原则

2.2.1　目的与功能的主辅原则

港口水工建筑物全寿命周期健康监测系统的主要目的是掌握结构的运营安全状况,因此,实施方案的设计首先考虑以港口工程结构安全性为主的监测原则,其他目的则为辅助性的。

2.2.2　功能与成本最优原则

监测项目及传感器数据越多,监测信息就越全面,从而系统成本就越高,反之则降低系

第2章 港口水工建筑物全寿命周期健康监测系统框架构建与实施方法

统成本,但同时可能会因为监测信息不足而使监测数据有效性降低。所以,为使系统成本更合理,必须对功能与成本进行优化,使用最少的投资获得最多的有效监测信息。

2.2.3 系统性和可靠性原则

监测系统最基本的要求是可靠性,而系统的可靠性取决于所组成的各种仪器的可靠性、监测网络的布置及设计的统筹安排和施工上的配合等多种因素。

2.2.4 关键部件优先与兼顾全面性原则

关键部件是指各种原因导致的可能破坏区、变形敏感区及结构的关键部位,这些关键部件都必须重点监测。但也应考虑全面性,考虑对结构整体性进行监测。

2.2.5 更可换性与可扩展性原则

由于监测周期长,传感器不可避免地会出现性能下降甚至不可用的情况,因此,设计中应有针对性地考虑系统的可更换性、易维护和完整性,以便后续系统的维护和升级。

2.2.6 实时与定期监测结合原则

根据监测目的、功能与成本优化确定监测内容后,应考虑的是实时监测与定期监测分别设置的原则。由于监测内容的不同,不是所有监测都必须是长期实时进行的,有些内容可考虑采用定期监测的方式,以减少后期维护成本和数据处理压力。

2.3 港口水工建筑物全寿命周期健康监测系统框架组成

码头是港口水工建筑物中最重要的基础设施之一,其担负着大宗货物装卸的生产任务,码头等港口水工建筑物的健康状况直接关系到船舶靠离泊和货物装卸作业的安全,关系到港口能否正常运营生产。构建港口水工建筑物全寿命周期健康监测系统框架时,更多应针对码头结构的健康监测内容。

港口水工建筑物全寿命周期健康监测系统是集结构监测、系统辨识和结构评估于一体的综合监测系统。一般来说,大型结构健康监测系统需要对以下结构性能进行监测:

①正常荷载作用下的结构响应和力学状态。
②结构在突发事件(如地震、大风、大浪或其他严重事故等)的结构响应。
③结构构件的耐久性监测,主要是监控混凝土结构的钢筋锈蚀状态。

④重要的非结构构件和附属设施的工作状态。

⑤结构所处的环境条件,如环境温度、风、浪、流等。

因此,港口水工建筑物全寿命周期健康监测不只是传统结构检测技术的简单改进,而是利用现代化传感设备与光电通信技术以及BIM技术,实时监测结构服役阶段在各种环境条件下的结构响应行为以及结构耐久性能状态,获取反映结构状况和环境因素的信息,并由此分析结构健康状态,评估结构的可靠性,为结构的管理与维护提供科学依据。并且,在突发偶然事件时,可通过监测数据识别结构的损伤和关键部位的变化,对结构安全性和可靠性作出客观的、定量的评价。

基于上述分析,参考桥梁、建筑领域中结构健康监测系统的组成,并根据港口水工建筑物结构的安全因素及损伤机理分析,结合考虑沿海港口水工建筑物的服役环境,设计并确定了港口水工建筑物全寿命周期健康监测系统框架,具体如图2-1所示。考虑沿海港口工程结构的健康监测要求,围绕信息化系统设计的科学性与先进性,港口水工建筑物全寿命周期健康监测系统由传感器与数据采集子系统、数据传输与存储子系统和基于BIM技术的健康监测运维平台三部分组成。

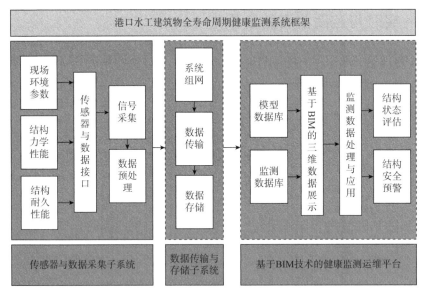

图2-1 港口水工建筑物全寿命周期健康监测系统框架示意图

传感器与数据采集子系统主要由传感器单元和数据自动采集单元构成。传感器单元的主要作用是通过安装于被测构件上的各种传感器将监测物理量转化为电信号(或光信号),用于数据采集,其由各类监测传感器、数据传输介质以及设备数据接口等硬件组成,如应变传感器、位移传感器、信号放大器、数据连接线缆及数据采集接口。数据自动采集单元的主要作用是实现现场各类监测传感器信号数据的自动采集并对数据进行初步处理。其包括数

第 2 章 港口水工建筑物全寿命周期健康监测系统框架构建与实施方法

据采集仪及相应的数据转发设备,安装于被测结构现场。

数据传输与存储子系统包括现场监测系统组网、监测数据的传输以及数据的存储。监测系统组网是指通过有线或者无线的方式将现场各传感器与数据采集子系统组成一个监测网,统一接入现场的工控机中,用于整体信号数据的采集。数据传输是通过现场工控机安装的数据发射模块将采集到的数据通过网络通信的方式传送到远端服务器或云端,包括监测系统数据采集平台、数据传输模块与服务器。数据存储是指将现场采集的数据以远端服务器存储或云存储,同时现场工控机本地存储,进行数据备份。存储的数据用于后期处理和应用。

基于BIM技术的健康监测运维平台是数据的展示与应用部分,包括计算机终端、运维平台客户端软件、被测结构的BIM模型、基于BIM技术的监测数据三维展示模块、数据处理方法及结构安全状态评估与预警方法。该系统首先采用BIM技术建立目标结构的三维信息模型,然后将采集并预处理过的监测数据传输到该子系统中,进行数据的处理分析和三维显示,利用结构安全状态评估方法,判断结构损伤的程度和位置,对结构健康状况作出评估,基于评估结果,发出相应预警信息。

2.4 传感器与数据采集子系统

2.4.1 港口水工建筑结构健康监测指标分析

港口水工建筑物一般服役于恶劣的海洋环境,结构长期处于高湿、高盐和风浪侵蚀严重的条件下,钢筋混凝土构件耐久性问题突出。因氯离子侵蚀导致的混凝土开裂现象普遍存在,已成为港口工程混凝土结构的顽疾。并且,港口水工建筑物尤其是码头结构在风暴潮、波浪、水流等极端水文条件及高负荷生产、船舶非正常撞击、材料腐蚀老化等复杂因素共同作用下,极易发生码头整体变位、基础倾斜、胸腔开裂、断桩、桩梁节点失效、混凝土劈裂、横梁错位等破坏现象;同时,伴随着地基的不均匀沉降、后方堆场荷载频繁超标引起地基土体侧向变形过大等因素的共同作用,高桩码头结构的横梁及面板会发生大行程错位、混凝土开裂、剥落等破坏现象,重力式码头整体会发生倾斜、混凝土胸墙开裂等破坏现象,板桩码头会发生板桩开裂、桩身脱榫、胸墙开裂等破坏现象;极端情况下,结构构件塌落,造成重大的人员伤亡和财产损失。因此,为了满足码头运营安全的需求,开展港口水工建筑结构健康监测技术研究很有必要。

开展结构健康监测系统建设的前提是确定结构健康监测指标。结构监测与检测是互相补充的两部分,在进行健康监测指标设计时,应对结构健康监测指标进行细致划分,应尽可能结合港口工程结构设施的维护要求,制定相应的健康监测指标,以便监测系统出现严重报警后可采用人工检测手段进行复核,实现对结构灾变的及时处理。因此,根据港口水工建筑物尤其是各类码头结构的实际受力特点以及各类码头结构的损伤破坏机理,确定结构健康监测指标。监测指标涉及码头结构的整体变形与变位情况、基桩的倾斜情况、结构构件的跨中弯曲应力、结构的整体振动特性等方面,主要分为以下五类监测指标:位移、应变、环境温度、结构振动、耐久性能。

2.4.1.1 位移监测

码头基础冲刷掏空和破损,将导致码头岸坡滑移,后方土体下泄,使得基础发生倾斜导致结构整体发生侧向变形。并且,地基不均匀沉降将导致码头结构发生竖向不均匀变形,持续变化的积累将导致码头结构倒塌,造成重大的事故。对于高桩码头,由于土体的侧向土压力增大,导致桩基的倾斜程度较上部梁体的偏移量大,致使横梁和桩帽发生相对位移,致使梁体和面板存在塌落的危险。并且,船舶靠泊时操作不当会造成船舶撞击码头,导致桩基倾斜或断桩,致使码头结构发生侧向位移,当结构位移过大时,结构将发生局部或整体垮塌。因此,码头结构的变形与变位监测是结构健康监测系统中最重要的一部分。根据沿海高桩码头的受力特点及潜在的危险源,码头的变形与变位监测主要分为结构整体位移监测(水平位移、沉降、倾斜)和构件相对位移监测。

1)结构整体位移监测

港口水工建筑物的整体位移监测包括结构水平位移监测、竖向位移监测及倾斜监测。由于码头结构地基不均匀沉降及工作荷载的共同荷载作用,码头结构会发生水平位移、沉降及结构倾斜等变形现象,过大的差异沉降或倾斜会造成构件开裂或构件节点处的错位,进而影响码头的使用性和耐久性,严重时会导致码头局部塌陷,甚至码头整体倒塌。因此,对码头进行持续性的变形监测是掌握码头安全状况、及时发现问题的有效途径。所以,根据码头结构的变形特点,码头整体位移监测包括对码头的水平监测、垂直位移监测及倾斜监测,由此确保生产运营中码头的整体安全性。

2)构件相对位移监测

对于高桩码头而言,码头后方堆场在堆货荷载、大型流动机械荷载的作用下,土体侧向土压力较大,侧向土压力会从底部越过挡土墙作用于后承台桩基上,造成桩基倾斜甚至断桩,造成桩、梁节点错位,而且随着运营时间的增长,相对错位量不断加大。当基桩与简支梁出现较大的错位时,会使梁体在桩帽上的搭接长度缩小,严重时梁体、面板发生塌落,造成严重的安全事故。即使错位较小时,局部压应力过大也可能导致桩帽发生劈裂,这严重威胁到码头的结构安全和作业安全。

岸坡变形是导致沿海高桩码头后承台桩、梁节点相对错位的直接原因,岸坡中的淤泥质

第2章　港口水工建筑物全寿命周期健康监测系统框架构建与实施方法

黏土层是发生水平位移最大的土层,是造成码头后承台结构构件间错位的动力通道。而后方堆场荷载超载、大型流动机械荷载是造成码头岸坡变形的核心原因和动力源。此外,桩顶与纵、横梁间连续销筋的锈蚀破损也是造成桩、梁节点错位的原因。

对于高桩码头桩、梁节点的错位情况,可以通过测量纵、横梁与桩帽间相对位移来体现构件间相对错位程度。参考码头检测相关规范和标准,分析纵、横梁和桩帽间相对位移是否超过允许发生的最大变形而产生破坏,在位移变形达到允许最大变形之前可以发布预警通知工作人员,从而起到保护码头的作用。

构件相对位移监测是沿海高桩健康监测的重要检测内容之一,为确保测量精度、实时性,并考虑服役环境,选择采用光纤光栅式的相对位移传感器。光纤光栅相对位移传感器抗腐蚀性强,能实现定时自动数据采集,避免人工测量带来的测读误差和人为误差,提高了测量的准确性,能够满足检测精度要求和数据自动采集要求。根据测量经验可知,基桩和纵、横梁间相对位移在毫米级,因此,选择精度为毫米级的光纤光栅位移传感器采集桩、梁节点的错位数据。

2.4.1.2　应变监测

应力是内力的细观集度,是单位面积上所承受的力;应变是变形量与原尺寸的比值。在结构线性阶段,应力与应变为线性关系,因此,可通过应变的监测来反映结构的应力状态。

港口水工建筑物的应变监测目的是根据应变监测值判定结构是否因工作荷载过大造成码头构件开裂、坍塌,预防码头安全事故的发生。结构的应变监测是利用分布在建筑物不同部位的应变传感器探测结构关键部位的应变状态,基于监测数据判定结构构件是否发生损伤,并判定结构的损伤位置及损伤程度,存在安全风险时及时预警。

港口水工建筑物最主要的部分是码头,码头的主要类型有高桩码头、重力码头、板桩码头。高桩码头结构主要由面板、纵梁、横梁、桩帽及靠船构件组成。作用荷载主要包括上部结构自重力、堆货载荷、起重运输机械载荷、铁路载荷等,荷载传递以面板-纵梁-横梁-桩基-地基的路径形式完成。重力式码头和板桩码头结构的应变监测主要包括胸墙应变监测、板桩应变监测等。因此,在码头应力应变监测中,主要对码头面板、纵梁、横梁、基桩、胸墙、板桩进行应变监测。

2.4.1.3　环境温度监测

码头等港口水工建筑物的材料特性受温度变化的影响较大,不同温度状态下的构件应力状态不同,尤其是钢结构构件,温度变化引起的结构应变非常明显,某些情况下温度较荷载导致的应变更大,若不将温度引起的应变从测量结果中剔除,则难以得出荷载引起的应变的准确结果,以致根据这种试验监测结果将导致误判结构的安全状态。通过环境温度的监测,可了解结构的温度应变(应力)状态,对结构构件的应力状态监测数据进行对比修正,提高监测数据的精度和可靠性。因此,沿海高桩码头结构健康监测系统中应进行环境温度监测。

2.4.1.4 结构振动监测

结构模态信息是结构的固有特性,结构损伤会引起结构模态信息的变化。因此,监测码头等港口水工建筑物的振动信号对于评估码头安全具有重要意义。

码头等港口水工建筑物的振动属于低频振动,频带较宽。受海浪、潮汐、风的影响,振动幅值变化范围很大。根据码头的结构特点,结构振动监测分为水平振动监测和转动监测两种情况。

1) 水平振动监测

码头等港口水工建筑物的服役环境中经常存在振源,振源主要有三类:瞬态性振源、稳态性振源和随机性振源。最明显的瞬态性振源是靠泊时船舶对码头的撞击影响,属于冲式撞击,振源振动能量很大,其频谱带较宽。稳态性振源主要有风、流、浪,属于有规律周期性反复作用,相对振动能量较小。随机性振源包括码头面板上部起重机,这些振源符合一定概率分布。在上述振源的影响下,结构水平振动会被激发,高桩码头结构将同时发生横向振动和纵向振动。因此,在沿海高桩码头结构健康监测系统中,应充分考虑不同振源的影响范围,对码头结构的横向振动和纵向振动同时进行监测。

2) 转动监测

码头结构的振动不仅是水平方向的振动,而是复杂的三轴向六自由度的振动,除了平动分量外还存在转动分量。目前,对于高桩结构转动情况的监测研究较少。在地震工程领域,由转动分量引起的结构破坏已经日益引起人们的重视。因此,在码头结构健康监测系统中,结构的扭转监测是很有必要的。根据结构振动测试方法,可通过结构段两翼的加速度传感器测量结构扭转信息。码头两翼分别布置同向加速度传感器,即可获得包含结构扭转信息的振动信号,通过数据时域分析即可得到结构的扭转频率。

2.4.1.5 耐久性能监测

因氯离子侵蚀导致的钢筋锈蚀、混凝土开裂现象普遍存在,已成为港口工程混凝土结构的顽疾。因此,为了保证结构的设计使用寿命,及时了解码头结构的耐久性能状态,应对码头的钢筋混凝土构件进行耐久性监测。目前,钢筋混凝土结构的耐久性监测多采用电信号变化的监测传感器实现,如阳极梯传感器。通过监测不同阳极相对于阴极的电参数,判定氯离子侵蚀位置及钢筋的锈蚀状态,为结构的维护管理提供决策数据。

2.4.2 传感器技术选型

2.4.2.1 传感器选型原则

传感器是能感受规定的被测量并按照一定的规律转换成可用输出信号的电子器件,它

第2章　港口水工建筑物全寿命周期健康监测系统框架构建与实施方法

对非电量的原始信息进行精确、可靠的捕获,并将其转换为可定量分析的电信息。

港口水工建筑物的健康监测离不开传感器的应用,传感器的正确选择对保证监测结果准确性至关重要。因此,在传感器的选择方面应考虑以下几点。

1）灵敏度

一般来讲,传感器灵敏度越高代表其性能越好。因为灵敏度越高,传感器所能感知的物理量精度就越高。但传感器的灵敏度仅是一方面,还应考虑以下几个方面：

①传感器的信噪比(S/N)越大越好。

②过高的灵敏度会影响其测量范围。

③当被测物理量是一个单向量时,就要求传感器单向灵敏度越高越好,而横向灵敏度越低越好；如果被测物理量是二维或三维向量,还应要求传感器的交叉灵敏度越小越好。

2）准确度和精密度

在选用传感器时,要着重考虑精密度,即数据的重复性。准确度是指测量结果与"真值"之间的接近程度,以误差的大小表示。传感器的准确度可用某种方法补偿,而重复性是传感器本身固有的,外电路无能为力。

3）动态范围和线性

动态范围是由传感器本身决定的。若配用一般测量电路,线性度很重要；若用微型计算机进行数据处理,则需要重点考虑动态范围。即便非线性很严重,也可用计算机等对其进行线性化处理。

4）响应速度和滞后性

对所使用的传感器,在满足使用要求条件后,希望其动态响应尽可能快、时间滞后尽可能少。

5）环境稳定性

选择传感器时应考虑环境因素的影响和传感器的抗干扰能力。对于港口水工建筑物,一般都需要满足防水、防尘、抗磁场、抗冲击等要求。

6）互换性

传感器的输出信号,不管是直接输入计算机中进行处理还是通过网络远程传送,都要尽量使信号可以直接使用,最好省去中间转换过程,以免数据失真和信号衰弱。

2.4.2.2　监测传感器的选择

根据港口水工建筑物结构健康监测的需要及相关监测指标的需求,传感器的选择可以参照以下内容开展。

1）位移监测

位移传感器是用来测量位移、距离、位置、尺寸、角度和角位移等几何量的一种传感器。

位移传感器有很多类型，根据其工作原理主要可分为电容式、电感式、振弦式、光栅式、电阻式、变压器式、电涡流式等。不同的传感器适用的场所不同，要根据具体的量程需求、精度需求、环境需求等选择合适的传感器。由于码头检测中的位移变化量很小，量级在毫米级，因此选用的传感器的精度必须达到亚毫米级。能达到这种精度的有电容式、电感式、振弦式和光栅式位移传感器。

电容式位移传感器把位移的变化转换为电容的变化。在振动频率很高的环境条件下，最适合选用这种类型的传感器。它具有灵敏度高、能实现非接触量的测量，而且可以在恶劣场合下工作的特点。同时，这种类型传感器也具有一些缺点，对连接线缆有很高的要求，必须具有高屏蔽性能，并且最好选用高频电源用来供电。现在做得最好的电容式位移传感器可以测量 $0.001\mu m$ 的位移，误差非常小。

电容式位移传感器通过待测量的位移变化改变电容器两块板之间距离，进而测得电容的变化量。但是电容变化与位移变化呈非线性关系，因此，必须进行线性回归，做线性化处理，其具体工作原理如图 2-2 所示。

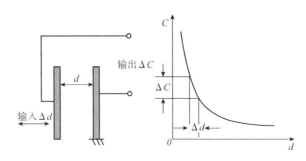

图 2-2 电容式位移传感器原理示意图

电感式位移传感器是以线圈电感量变化的方式来获取物理量的变化，既可以测量角位移，也可以测量线位移。目前常用到的电感式位移传感器有变气隙型、变面积型、螺管式三种。变气隙型位移传感器中电感的变化与传感器中活动衔铁的位移相对应。变面积型位移传感器是用铁芯与衔铁之间重合面积的变化来反映位移。螺管式位移传感器依据衔铁插入长度的变化导致电感变化的原理。常用电感式位移传感器外观如图 2-3 所示。

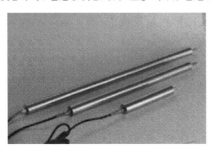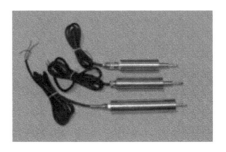

图 2-3 常用电感式位移传感器

第2章 港口水工建筑物全寿命周期健康监测系统框架构建与实施方法

振弦式传感器是目前国内外广泛应用的一种非电量电测传感器。由于振弦传感器直接输出振弦的自振频率信号,因此,它具有抗干扰能力强、受电参数影响小、零点漂移小、受温度影响小、耐振动、寿命长等特点。同时,随着电子、计算机技术的发展,从实现测试计算机化、智能化的测试要求来看,振弦传感器的信号输出可更为方便地进行数据采集、传输、处理和存储,实现高精度的自动测试。振弦式位移传感器工作时,安装轴产生的位移将通过刚性的传递杆传递至位移计中的钢弦,使其发生应力变化,从而改变钢弦的振动频率,通过测试频率变化即可获取位移量。测量时,利用电磁线圈激拨钢弦并测量其振动频率,频率信号经电缆传输至频率数据采集系统,再经换算即可得到被测结构物相对变形的变化量。并且,位移计中的热敏电阻可同步测出测量点的温度值,可以对传递杆及振弦的温度线膨胀进行修正。

光栅式位移传感器为高精度型,测量精度可达微米级,主要用于精密仪器、机床等的数字化改造。此类传感器的工作环境条件高,通常运用于使用条件较好的数控设备上。

光栅式位移传感器利用了 FBG 光栅的光反射原理。其基本原理是当光栅受力时,光栅的间距(波长)发生变化,波长的变化量是关于温度和应变的函数。在补偿温度以后,波长的变化量与结构变形量线性为线性关系,由波长的变化量即可换算位移的变化量。

GPS/GNSS 实时动态定位技术是一种基于载波相位双差模型的定位方法,可用于结构的变形监测。通过在被测结构物上设置 GPS/GNSS 的固定站和流动站,即可实时获取被测点位的三维坐标,三维坐标的变化量即为结构在不同方向的位移值。GPS/GNSS 实时动态定位技术是结构位移监测的重要技术手段。

2)应变监测

结构物在受到外力作用时,其几何尺寸或形状会发生改变,改变率以材料的应变来表示。目前常用的应变传感器主要有电阻式应变传感器、振弦式应变传感器和光纤式应变传感器。电阻应变式传感器是利用电阻丝将结构应变转换为电阻变化的传感器,传感器安装在结构表面或内部。传感器工作时,被测结构的变形引起应变敏感元件的电阻值变化,通过转换电路将其转变成电量输出,电量变化的大小反映了被测应变的大小。目前,电阻应变传感器种类繁多,常用的应变片可分为两类:金属电阻应变片和半导体电阻应变片。金属电阻应变片的工作原理是试件受力的变形引起金属的轴向长度和横截面积发生变化,从而引起电阻变化,金属材料电阻的相对变化与应变成正比。半导体应变传感器是利用半导体材料制成的,其工作原理是基于半导体材料的压阻效应,即半导体材料在某一轴向力作用时,其电阻率发生变化。半导体应变片突出的优点是灵敏度高,比金属丝式高 50~80 倍,尺寸小,横向效应小,动态响应好,但其受温度影响大,应变的非线性比较严重。

振弦式应变传感器用于测量水工建筑物或其他混凝土结构物表面和内部的线性应变。当结构物受力或因温度变化发生线性伸缩变形时,与结构物相连的应变计产生同步变形,从而改变振弦的固有振动频率。采集信号时,激励装置激励振弦使其发生谐振,同时信号拾取模块采集其振动频率信号,此信号经电缆传输至读数装置,即可测出被测结构的应变量。

光纤光栅是近几年发展最为迅速的新一代光无源器件,在光纤通信和光纤传感器等相关领域发挥着越来越重要的作用。光纤光栅应变传感器具有抗电磁干扰、电绝缘性好、灵敏高等一系列优点,具有广泛的应用前景。光纤光栅应变传感器是利用光纤本身的特性把光纤作为敏感元件,对光纤内传输的光进行调制,使传输的光的强度、相位、频率或偏振态等特性发生变化,再通过对被调制过的信号进行解调,从而得到被测信号。光纤在其中不仅是导光介质,也是敏感元件。光纤光栅应变传感器可预埋在混凝土、碳纤维增强塑料及各种复合材料中,可用于测试应力松弛、施工应力和动荷载应力,从而评估桥梁、大坝、码头等的结构性能。

光纤是光导纤维的简称,是一种利用全反射原理形成的光传导结构,以高纯度的石英玻璃为主。光纤传感器的基本工作原理是将来自光源的光经过光纤送入调制器,使待测参数与进入调制区的光相互作用后,导致光的光学性质(如光的强度、波长、频率、相位、偏正态等)发生变化(称为调制的光信号),再经过光纤送入光探测器,经调解后获得被测参数。光纤光栅应变传感器的封装技术是决定传感器性能优劣的重要技术环节,裸光栅在大多数情况下是不能满足工程要求的。不同的被测参量对灵敏度的要求不同,需要对光纤光栅进行封装。此外,施工现场环境比较恶劣,需要采用先进的封装工艺进行封装保护。因此,光纤光栅应变传感器的封装技术是研究的重点方向之一。

一般大型土木工程的设计使用寿命为几十年甚至更长,光纤光栅应变传感器具有稳定性好、耐久性强等优点,可应用在结构的长期监测中。在码头等港口水工建筑物的结构监测中,影响光纤光栅传感器稳定性和耐久性的因素很多,如海水的腐蚀、海面杂物的撞击等,应针对不同的使用环境定制相应的传感器类型。

3)结构振动监测

结构振动模态是结构的固有信息,其变化可反映结构的变化。结构的振动信号监测需要相应的振动传感器。振动量值常用位移、速度和加速度来表示,故振动传感器一般分为位移、速度和加速度传感器。在振动信号数据分析时,结构的振动频率是一个很关键的参数。选择振动传感器时,其频响范围应涵盖被测结构的振动频率。振动传感器的正确选用应基于对被测振动量的大小、被测振动信号的频率范围和振动测试的现场环境的分析。因此,对传感器的评价要以在要求的频响范围内测量幅值精度的高低来评定。为了满足港口水工建筑物的振动监测要求,振动传感器应具备如下特点:

①振动传感器应属于低频传感器,通频带范围宜为 0.1~100Hz。

②传感器具有良好的瞬态反应特性。

第2章 港口水工建筑物全寿命周期健康监测系统框架构建与实施方法

③体积小,质量轻,功耗低,使用简单,不易损坏,方便野外测量。

振动传感器按原理分类有多种,适合的场合也不尽相同。根据现场环境条件以及精度需求,港口水工建筑结构健康监测最终考虑两种振动传感器,分别是压阻式加速度传感器和伺服式加速度传感器。压阻式加速度传感器利用压阻效应来实现加速度测量,压阻效应是指当半导体受到应力作用时,由于载流子迁移率的变化,使其电阻率发生变化的现象。压阻式加速度传感器是在其内腔的硅梁根部集成压阻桥(其布置与电桥相似),压阻桥的一端固定在传感器基座上,另一端挂悬着质量块。当传感器装在被测物体上随之运动时,传感器具有与被测件相同的加速度,质量块按牛顿第二定律产生力并作用于硅梁上,形成应力,使电阻桥受应力作用而引起其电阻值变化。把输入与输出导线引出传感器,可得到相应的电压输出值,该电压输出值表征了物体的加速度。压阻式加速度传感器具有体积小、质量轻、可频响范围宽等优点,可用于结构振动的监测。

伺服式传感器是一种能够实现超低频振动测量的传感器,包括无源伺服和有源伺服两大类,两者的区别在于选用的器件是否为有源器件,即传感器是否需要电源。伺服式传感器都是利用反馈力代替机械力或机械惯性,形成各种具有不同特点的摆体。力平衡式加速度传感器是典型的伺服式传感器。伺服式加速度传感器由非接触位移传感器、力矩电动机、放大电路、反馈电路、悬臂质量块五部分组成。悬臂质量块与力矩电动机的电枢连接在一起。非接触位移传感器用于检测质量块的位移量和方向。当传感器有加速度产生时,悬臂质量块便离开原来的平衡位置,非接触位移传感器检测出该变化后,将位置信号送入放大电路,信号稳定时传感器输出与加速度成一定比例的模拟信号。由于采用闭环力平衡原理转矩装置测量矢量加速度,并且在传感器内部做了温度及线性化补偿,故可得到非常高的精度。此类传感器可用于撞击记录器、疲劳度监视和预测、空间稳定平台、飞船卫星追踪系统、路况检测、高速铁路故障探测、自动驾驶和低频振动监测。

2.4.3 传感器安装工法

港口水工建筑健康监测系统实施时,会根据监测要求选择不同的监测指标,由此一个监测系统会具备多种监测传感器。不同类型的传感器的具体安装方式不尽相同,但总体上可分为两类,即外置式和内置式。外置式是通过传感器连接件(如支座)与被测结构物固结,内置式是将传感器埋置在结构内部(如埋置于混凝土构件内部)。对于在役的港口水工建筑物,多采用外置式的方式安装传感器;对于新建的港口水工建筑物,多采用内置式传感器。

2.4.4 传感器安装位置

港口水工建筑全寿命周期健康监测系统实施时,首先要进行系统设计,确定监测指标、监测位置、监测系统框架等。由于每种结构类型的力学特性不同,对应的结构构件力学性能也不尽相同,因此,要确定监测的具体位置,首先要进行力学分析计算,确定结构的最不利位置,按照优化方法,确定最优的监测位置。结构的力学分析计算多采用有限元计算软件进行,工况不复杂时可采用手工计算。

2.5 数据传输与存储子系统

港口水工建筑物全寿命周期健康系统是十分复杂的系统,其中数据传输在整个系统中扮演数据传递桥梁的作用。数据传输的有效性直接关系到监测系统的可靠性。监测系统的数据传输流程是:传感器通过组网连接到岸上的基站工控机,基站通过有线或者无线传输的方式将数据传送到远端服务器或云端。港口水工建筑物全寿命周期健康监测系统对数据传输系统的要求如下:

①实时性:数据传输时不能连续出现数据堵死现象。
②可靠性:具有一定抗干扰能力,提供高质量通信服务。
③经济性:系统组建成本不能太高。

数据传输系统的有线传输方式组网较为容易,通过牵引抗干扰能力强并且损耗低的线缆即可完成,而无线数据传输方式的组网需要满足很多限制条件。目前,无线数据传输有很多方式,各种通信技术日趋完善,为系统组网提供了多种选择。

2.5.1 现场组网技术

传感器组网技术是大量传感器协同工作的关键。传感器组网是以建立数据链路为目标,在通信技术和计算机技术支持下实现数据采集的重要环节。从实现功能上看,传感器管理技术、通信技术、信息融合技术以及计算机技术是影响传感器网络性能的关键因素。在港口水工建筑物全寿命周期健康监测系统中,传感器组网技术直接影响着数据传输效率,但由于系统工作环境的特殊性,需要根据不同的现场条件和具体的工作环境选用合适的传感器组网技术。传感器的组网技术主要分有线组网技术和无线组网技术。

2.5.1.1 有线组网技术

传感器的有线组网方式即通过布设电线电缆,将布设在监测点的监测设备连接成数据网络,将数据汇总到数据集中处理装置来实现数据的采集和通信。根据通信方式的不同,有以太网、光纤网等。有线组网方式是现在广泛采用的数据通信方式之一,如现场总线技术,其最显著的特点是现场采样设备将各种传感器获取的信息转变为数字信号后,通过网络传送给数据主服务器或者现场工控机。

有线数据传输具有稳定性高、数据传输速度快、数据传送数据量大等优点,但必须架设

第2章 港口水工建筑物全寿命周期健康监测系统框架构建与实施方法

电缆或挖电缆沟,需要大量的人力和物力。同时有线数据通信局限性较大,在港口码头等高湿、高盐的恶劣环境下,通信电缆极易腐蚀、变质,造成数据通信中断。并且,有线通信链路的维护需要沿线路检查,出现故障时,一般很难及时找到故障点。

2.5.1.2 无线组网技术

无线组网技术的发展使得传感器的使用更加灵活。目前使用较广泛的近距离无线组网技术有 Wi-Fi、蓝牙(bluetooth)、微波技术、ZigBee 协议组网技术以及移动网络技术等,各自的优缺点见表 2-1。Wi-Fi 是 IEEE 802.11b 标准的别称,俗称无线宽带,它是一种短程无线传输技术,能够在近百米范围内支持互联网接入的无线电信号,速率最高可达 11Mb/s。

蓝牙是一种支持设备短距离通信的无线电技术。它是一种无线数据与语音通信的开放性全球规范,以低成本的短距离无线连接为基础,可为固定的或移动的终端设备提供廉价的接入服务。蓝牙技术的实质是为固定设备或移动设备之间的通信环境建立通用的近距无线接口,将通信技术与计算机技术进一步结合起来,使各种设备在没有电线或电缆相互连接的情况下,能在近距离范围内实现相互通信或操作。其传输频段为全球公众通用的 2.4GHz 频段,提供 1Mb/s 的传输速率和 10m 的传输距离。

微波通信是一种灵活、实用性强的通信手段。微波通信使用波长为 1m~0.1mm(对应频率为 0.3G~3THz)的电磁波进行的通信。微波通信包括地面微波接力通信、对流层散射通信、卫星通信、空间通信及工作于微波波段的移动通信。微波通信具有可用频带宽、通信容量大、传输损伤小、抗干扰能力强等特点,可用于点对点、一点对多点或广播等通信方式。微波站的设备包括天线、收发信机、调制器、多路复用设备、电源设备、自动控制设备等。为了把电波聚集起来成为波束送至远方,一般采用抛物面天线,其聚焦作用可大大增加传送距离。

ZigBee 使用 2.4GHz 波段,采用跳频技术。它的基本速率是 250kb/s,当降低到 28kb/s 时,传输范围可扩大到 134m,并获得更高的可靠性。

4G 网络技术的主要优点是利用先进的空中接口技术(包括对频谱的高效利用)、核心网全面的 IP 包交换及控制技术,能极大地增加系统容量、提高端到端通信质量和提供更高的数据传输速率。

几种无线通信方式的特点见表 2-1。

几种无线通信方式的特点　　　　　　　　表 2-1

序号	技术名称	优　　点	不　　足
1	Wi-Fi	覆盖范围广,穿透力强。可以方便地为整栋大楼提供无线的宽带互联网接入。传输速度快,能满足用户接入互联网、浏览和下载各类信息的要求	安全性差:由于 Wi-Fi 设备在通信中没有使用跳频等技术,虽然使用了加密协议,但存在被破解的隐患

续上表

序号	技术名称	优　点	不　足
2	蓝牙	低功率、低造价、低延时	传输距离有限、不同设备间协议不兼容
3	微波	频带宽、容量大、可以用于各种电信业务的传送，如电话、电报、数据、传真以及彩色电视等均可通过微波电路传输；微波通信具有良好的抗灾性能。一般不受水灾、风灾以及地震等自然灾害的影响	易受干扰，在同一微波电路上不能使用相同频率于同一方向；信号易受阻挡，通信受限
4	ZigBee	功耗低：在低耗电待机模式下，两节普通5号电池可使用6个月以上。 成本低：因 ZigBee 数据传输速率低，协议简单，所以成本很低。 网络容量大：每个 ZigBee 网络最多可支持255个设备。 工作频段灵活：使用的频段分别为2.4GHz、868MHz(欧)及915MHz(美)，均为免执照频段	据传输速率较低：传输速率较低，只有10~250kb/s，专注于低传输率应用。 有效范围小：有效覆盖范围为10~75m，具体依据实际发射功率的大小和各种不同的应用模式而定，基本上能够覆盖普通的家庭或办公室环境
5	5G	速度快、网络频谱宽、全范围覆盖、通信更加灵活、智能性能更高、兼容性能平滑	信号的穿透性较差，耗电多，基站建设成本高

几种无线通信方式的对比见表 2-2。

几种无线通信方式的对比　　　　　表 2-2

序号	技术名称	工作频段	传输距离	标 准 化
1	Wi-Fi	2.4/5/60GHz	100m	IEEE 802.11a/b/ng/n
2	蓝牙	2.4/5GHz	8~30m	IEEE 802.15.1
3	微波	0.3~300GHz	10~20km	—
4	ZigBee	868/915M/2.4G	10~75m	IEEE 802.15.4
5	4G	2320~2655MHz	信号覆盖范围	移动 TD-LTE，联通 LTE FDD，电信 LTE FDD

在港口水工建筑物全寿命周期健康监测系统中，由于海洋环境恶劣，对无线组网技术和设备的可靠性、防水性能、抗干扰能力要求较高。系统应该针对具体的应用环境结合各种组网技术的优缺点选择最有效的组网手段。实际工程应用中，由于现场环境限制等原因，并没有采用无线组网，而是选择了较为成熟的有线组网方式，采用光纤介质。

2.5.2　数据传输技术

数据传输技术涉及数据传输层的选择、数据打包方式、数据传输方式等方面。数据传输层的主要作用是将传感器采集的数据通过可靠、稳定的方式传输给网络服务器，存储进数据库。数据传输层是监测系统的关键环节，需要在考虑现场条件和环境的情况下选择最合理

第2章 港口水工建筑物全寿命周期健康监测系统框架构建与实施方法

的传输方式。其中,需要重点考虑数据量、传输频率、数据存储备份、现场条件等因素。一般情况下,传感器采集的所有数据都会先进入现场工控机,数据传输即实现工控机数据向网络服务器的传输。

监测系统采集的应变数据、位移数据、加速度数据以及温度数据等是不同类型的数据,有模拟信号、数字信号、频率信号、光信号等类别,经过数据采集系统的识别和处理,所有数据变为数字信号。数字信号是工控机发送的主要内容,但是不同传感器的采集频率不同,相同时间的数据量具有很大的差异,如应变传感器每秒有 1 个数据,而加速度传感器每秒有上百个数据,监测点多的情况下数据量非常大,会影响数据传输方式的选择。数据如何打包传输,需要根据实际情况采用不同方法解决。

数据传输方式分为有线数据传输和无线数据传输。有线数据传输即现场布设线缆的方式。由于港口区域具有大量港机设备和移动车辆,线缆的布设施工难度大、费用高。

无线数据传输即现场通过成熟的无线通信技术实现数据传输的方式。当采集单元(数据采集器)至主控单位(现场主机)之间距离遥远或不便于铺设电缆时,可采用无线数据传输方式。无线数据传输主要优势是综合成本低、适应性强、扩展性好、维护方便。无线传输无须架设电缆或开挖电缆沟,只要在每个终端连接无线数据传输电台或安装无线发射装置即可,特别适合室外距离较远的设备安装环境。在许多情况下,由于受到地理环境和工作内容的限制,例如山地、港口和非开阔地等特殊地理环境,对有线网络、有线传输的布线工程带来极大的不便,施工周期将很长,甚至根本无法实现。而采用无线监控可以摆脱线缆的束缚,有安装周期短、维护方便、扩容能力强的优点。在组建好通信网络环境之后,若因为系统的需要增加新的设备,有线方式就要重新布线,施工比较麻烦,还有可能破坏原有线路;而无线方式只需新增设备与无线数据传输电台相连接就可以实现系统的扩充,相比之下有更好的扩展性。同时,有线通信链路的维护需要沿线路检查,出现故障时很难排查故障点,而无线数据传输方式只需要维护数据传输模块,出现故障时能快速找出原因,恢复正常运行。有线数据传输和无线数据传输优缺点对比见表 2-3。

有线数据传输和无线数据传输优缺点对比 表 2-3

传输方式	优 点	缺 点
有线	数据传输稳定性高;数据传输数据量大;数据传送速度快	架设电缆成本高;通信环境要求高;故障检查难度大
无线	适应各种环境下的数据通信;扩展性好;故障检测快速	数据传输速度比有线慢;数据传输量比有线小;技术要求更高

通过对港口水工建筑物的服役环境、水工结构的分布情况、传感器布设位置的分析,可知港口水工建筑物结构健康监测的数据传输特点是:监测数据采集点分布广、监测数据

采集时间长、单条监测记录数据量小、数据传输距离远。港口水工建筑物健康监测系统中的数据采集点一般集中在整个港区的多个码头上,一个码头有多个数据采集点。为了能更加准确、连续地记录码头结构变化情况,达到对码头结构进行预警的目的,需要进行长期的数据采集。单条采集数据一般只涉及几个数据字段,数据量不超过1kb,数据格式相对较简单,仅是标准格式的数值。数据采集点一般设置在港口水域前沿的码头结构关键部位,与现场数据服务器之间的距离近则数十米,远则几百米甚至几千米,数据传输距离较远。

2.5.3 系统数据存储

监测系统的数据存储方式分为本地存储、数据服务器存储和云存储。

本地存储指的是在港口水工建筑物结构健康监测系统中,传感器的采样数据在被传输至远端数据中心之前,应先存储于现场工控机硬盘上,即使现场发生意外,也不会因网络问题而发生数据丢失。本地存储应保持数据的原始性和完整性,但同时也需要考虑系统采集数据量与现场存储设备的容量。位移、应变、加速度、温度等传感器采样频率不大,一般工控机基本都可以胜任传输需求。

除去本地存储,还需要将现场数据传输至数据中心服务器进行存储,一是保证数据安全,二是对数据进行处理和分析。健康监测系统的监测数据在经过工控机的简单处理后,通过网络直接发送至数据中心的网络服务器,存入数据库。该方式对数据中心服务器和网络性能要求较高,服务器网络需要连接公网,并设置为现场工控机数据传输的目的地址。服务器大都采用部件冗余技术、RAID(Redundant Arrays of Independent Disks,磁盘阵列)技术、内存纠错技术和管理软件。高端的服务器采用多处理器、支持双处理器以上的对称处理器结构。在选择服务器硬件时,除了考虑档次和具体功能定位外,还需要重点了解服务器的主要参数和特性,包括处理器构架、可扩展性、服务器结构、I/O(输入/输出)能力和故障恢复能力等。

云存储技术是一种新兴的网络存储技术,是指通过集群应用、网络技术或分布式文件系统等,将网络中海量不同类型的存储设备通过应用软件集合起来协同工作,共同对外提供数据存储和业务访问服务。云存储技术的发展为码头结构健康监测系统的数据传输和备份提供了新的途径且这种途径具有其特有的优势:可以充分利用公共存储空间,降低对数据中心设备的要求。云存储的结构模型由4层结构组成:存储层、基础管理层、应用接口层、访问层。存储层是云存储中基础的部分,云存储中的存储设备往往数量庞大且分布多不同地域,彼此之间通过广域网、互联网或者光纤通道网络连接在一起。存储设备之上是一个统一存储设备管理系统,可以实现存储设备的逻辑虚拟化管理、多链路冗余管理,以及硬件设备的

第 2 章 港口水工建筑物全寿命周期健康监测系统框架构建与实施方法

状态监控和故障维护。基础管理层是云存储中核心的部分,也是云存储中最难以实现的部分。基础管理层通过集群、分布式文件系统和网格计算等技术,实现云存储中多个存储设备之间的协同工作,使多个存储设备可以对外提供同一种服务,并提供更大、更强、更好的数据访问性能。应用接口层是云存储中灵活多变的部分。不同的云存储运营单位可以根据实际业务类型,开发不同的应用服务接口,提供不同的应用服务。比如视频监控应用平台、交互式网络电视和视频点播应用平台、网络硬盘应用平台、远程数据备份应用平台等。任何一个授权用户都可以通过标准的公用应用接口来登录云存储系统,享受云存储服务。云存储运营单位不同,云存储提供的访问类型和访问手段也不同。

云存储必须具有一个高效的类似于网络管理软件的集中管理平台,可实现云存储系统中存储设备、服务器和网络设备的集中管理和状态监控。目前,国内主流云存储品牌有百度云盘、华为网盘、360 云盘、腾讯微云等。

系统数据可采用上述存储方式的一种或多种方式进行存储,视具体项目条件而定。实际工程应用中采用了监测数据远程服务器+本地工控机的方式存储数据。

2.6 基于 BIM 技术的健康监测运维平台

基于 BIM 技术的健康监测运维平台是数据的展示与应用部分,涉及的内容包括监测数据库、基于 BIM 技术的监测数据三维展示模块、数据处理及结构安全状态评估与预警。

2.6.1 运维平台的管理功能要求

基于 BIM 技术的健康监测运维平台具备的管理功能应包括监测设备管理、监测信息管理、结构模型信息管理、评估分析信息管理、数据转储管理、用户管理、安全信息管理以及预警信息管理等方面,具体如图 2-4 所示。

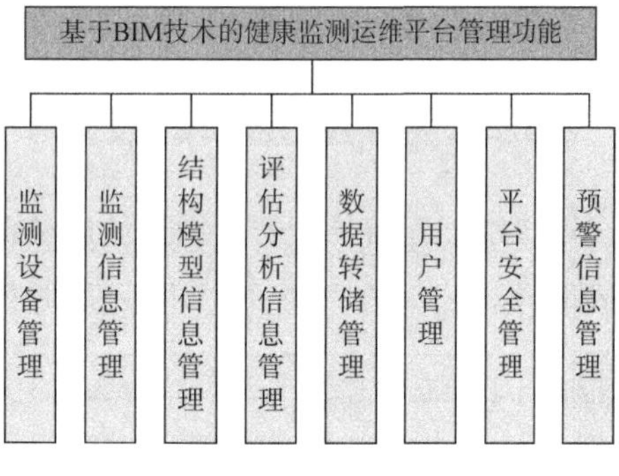

图 2-4　结构健康监测系统数据需求

监测设备管理包括传感器和采集设备(包括采集子站和总站)的添加、更换、状态查询以及故障检测等功能。监测设备按照监测信息内容和功能进行分类管理,包括采集终端管理、采集设备管理、传感器管理和采集计划管理,主要实现对现场传感器、工控机的信息化管理,实时监控终端设备的工作状态。

监测信息管理功能用于存储和管理监测采集的数据,通过平台可对数据进行修改、删除、编辑、查询等操作,并实现监测数据的三维可视化展示。管理功能主要包括监测信息的自动导入、图形或文件形式导出数据、历史监测信息的查询、实时监测信息的可视化。实时监测信息主要是监测指标实时数据,如位移监测数据、应变监测数据等,每种类型数据都显示传感器类型、传感器名称、回传数据和回传时间。平台可以提供实时监测数据的动态显示,用动态数字、动态曲线图等方式动态跟踪显示。在成熟的运维平台上,导入港口工程结构的模型,结合相关地理信息数据、结构基础资料数据、检测和监测数据,构建码头态势三维场景仿真,也可对码头安全评估状况给出抽象后的图像显示。在地理信息仿真系统中引入结构基础资料数据、检测和监测专题数据库数据、结构检测分析数据以及预测预警数据等,可实现在三维场景环境中港口工程结构总体、局部的多种视角漫游和沉浸式浏览,还可以对重点区域进行定位和缩放,甚至可以详细观察结构健康监测设备的布设位置、调阅评估,从而实现对码头健康情况的生动展示和全面掌握。

结构模型信息管理提供结构的基本参数和评估分析所需要的计算机数值模型。

评估分析信息管理包括提供评估准则、保存评估结果和查询统计功能。

数据转储管理支持海量数据的归档以及相应的元数据管理,归档的数据可以存储在大容量存储设备中,支持使用时的可访问性。

用户管理支持用户权限的定义和分配功能。系统根据用户的权限来操作不同模块,提供基于角色的用户组管理、用户授权、注册账号和认证管理等。

平台安全管理提供平台运行环境的网络安全管理与保护、数据库的容灾备份机制、敏感信息标记以及用户使用日志审计等功能。数据库安全管理有相应的硬件、软件和人员来支持。

预警信息管理功能可将预警信息以短信、信息等形式通知相关人员。

2.6.2 监测数据库的设计

港口水工建筑物全寿命周期健康监测系统数据库设计遵循可靠性、先进性、开放性、可扩展性、标准性和经济性的基本原则,并保证数据的共享性、数据结构的整体性、数据库系统与应用系统的统一性。同时,设计数据库时需保证支持实时数据处理分析、离线数据处理分析以及两种工作方式的混合模式。数据库按主题可划分为监测设备数据库、监测信息数据库、结构模型信息数据库、评估分析信息数据库和用户数据库等,具体如图2-5所示。

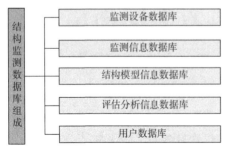

图 2-5　结构监测数据库组成

监测设备数据库的内容包括设备标识、设备名称、所属监测站点、监测位置、设备功能、出厂参数、安装时间、采样频率、警戒值、运行状况、维修记录等。

第 2 章　港口水工建筑物全寿命周期健康监测系统框架构建与实施方法

监测信息数据库的内容包括监测系统监测到的现场环境信息、荷载信息、结构反应信息、结构形态信息以及原始数据经简单处理后的附加信息。根据港口水工建筑物结构健康监测的需求可知，环境信息包括温度、湿度、水文与波浪信息；荷载信息包括使用荷载、永久荷载等信息；结构反应信息包括结构位移、应变、倾角、振动；结构形态信息包括结构的几何坐标或线形。

结构模型信息数据库的内容包括结构设计图纸、基本设计参数、结构分析所需要的有限元模型。

评估分析信息数据库的内容包括评估所采用的准则和方法，评估时的主体、时间、参数、对象、结果和报告。

用户数据库的内容包括用户名、用户标识、用户组、个人信息等。

港口水工建筑物全寿命周期健康监测系统正式运行后，将会不间断地获取现场传感器发送回来的动态数据，这些数据将每隔一定的时间间隔形成一个数据包，一个数据包即某一时刻数据采集的内容。由于港口水工建筑物全寿命周期健康监测是长期性的，因此，数据库将是一个不断扩大的数据集，并且保持最新记录的连接性和可识别性。动态数据库必须具有将最新数据设为当前、同时将前一期数据自动归入历史数据库的功能。

2.6.3　数据处理与分析功能

港口水工建筑物全寿命周期健康监测运维平台是在明确码头等港口水工建筑物的监测指标后，建立港口工程结构健康监测技术体系和专题数据库，在实现特定监测指标数据自动采集和无线传输的基础上，设计开发的用于监测业务操作、数据统计分析与可视化应用的信息系统平台。监测数据处理与分析的主要功能是实现对结构工作状态监测过程中所获取数据的处理分析，从而对结构进行安全评估与预警。运维平台会在对监测指标研究的基础上，设定监测指标的阈值和临界条件，当监测数据达到或接近临界判断条件时，系统会自动用闪烁或声音发出预警信息，提醒用户关注该监测指标并采取相应的应对措施。

结构健康监测数据库的性能直接关系到整个监测系统的方便性与可靠性。数据库按存储方式可分为集中式数据库和分布式数据库。

集中式数据库把数据集中在一起进行集中管理，可以有效减少数据的冗余和不一致性，但是数据库庞大、结构相对复杂、操作也比较困难、对数据库服务器性能要求较高，处理不同领域问题时显得不够灵活。并且，由于数据集中存储，大量的通信要通过主机，易造成拥堵现象，一旦数据库发生问题，会导致所有数据丢失。

分布式数据库的数据分布在网络的各个节点上，大多数数据处理不通过主机而由网络节点上的局部处理机进行，响应速度较快，负荷可均衡分散，偶然性故障对全局的影响小。

监测数据分析功能根据码头结构实时监测获得的信息,科学、准确、客观地评价港口水工建筑物结构的安全性、使用性和耐久性,为水工结构物的维护与管理提供决策依据,必要时发出预警信息,以保证码头结构和作业人员的安全。

目前,常用的损伤识别方法有动力指纹分析法、模型修正法与系统识别法、神经网络法、遗传算法、小波变换法等,但对于港口水工建筑物的结构损伤识别不太适用。

结构安全评估方法常用到的理论是可靠度理论,安全评定分为正常使用状态安全评定和极限承载力状态安全评定。可靠度理论主要是根据系统或构件的实效模式以确定结构的极限状态,然后根据所定义的极限状态确定极限荷载、临界荷载和临界强度,得出相应的实效概率、可靠度及可靠性指标,从而进行安全性评定。

2.7 本章小结

本章对港口水工建筑物全寿命周期健康监测系统进行了整体分析研究,构建了监测系统框架;在传感器与数据采集方面详细分析了监测指标、传感器选型和传感器的现场安装方法;在数据传输与存储方面,探讨了现场组网技术、数据传输技术和系统数据存储技术;在基于 BIM 技术的健康监测运维平台方面,讨论了码头健康监测系统的数据管理、数据库的设计、数据处理与分析功能等,主要结论如下:

①明确了港口水工建筑物全寿命周期健康监测系统的设计原则,确定监测系统应由传感器与数据采集子系统、数据传输与存储子系统、基于 BIM 技术的健康监测运维平台三部分组成。

②通过分析确定了港口水工建筑物结构健康监测的一般性监测指标,即位移、应变、环境温度、结构振动、耐久性能,并对相关监测指标进行了传感器选型推荐,对传感器的安装方法进行了分析。

③针对沿海港口服役的恶劣海水环境,建议传感器子系统采用光纤光栅应变传感器、光纤光栅温度传感器、光纤光栅倾角传感器、光纤光栅加速度传感器与电类的耐久性传感器相组合的方式进行组网,这种方式既解决海水环境中传感器腐蚀的问题,也解决了港口水工建筑物的耐久性监测问题,为后期结构健康监测系统在依托工程中的应用奠定了坚实基础。

④对数据传输与存储子系统涉及的组网技术、数据传输技术和数据存储技术进行了分析,指出了现有的实现方法,为港口水工建筑物全寿命周期健康监测系统的构建提供技术支持。

⑤对基于 BIM 技术的健康监测运维平台进行了初步设计,对其管理功能、数据库组成、数据处理与分析做出了规定,为港口水工建筑物全寿命周期健康监测系统运维平台的开发、实施奠定了技术基础。

第3章 基于BIM技术的港口水工建筑物健康监测运维平台设计与实施

3.1 引　言

众多的港工建筑物,在规划、设计、施工、运维各阶段存在海量的信息。而现阶段,建筑全生命周期内各环节相互分割,信息传递不畅,常出现信息丢失、失真的现象。港口水工建筑物的检测、监测与评估工作具有特殊性,需要充分利用设计、建设、养护期间的各种信息,才能实现对港口水工建筑物的准确检测、监测与评估。由于信息搜集困难、信息利用不全面,给检测、监测与评估工作带来困扰;并且长期以来,检测、监测与评估工作的智能化、信息化程度较低,存在大量的重复劳动,效率低下。因此,迫切需要一种新的技术来改变这些弊端。

BIM的概念是由美国Autodesk公司首次提出的。美国国家BIM标准(NBIMS)对BIM的定义为:

①BIM是一个设施(建设项目)物理和功能特性的数字表达。

②BIM是一个共享的知识资源,是一个分享有关这个设施的信息,为该设施从建设到拆除的全生命周期中的所有决策提供可靠依据的过程。

③在项目的不同阶段,不同利益相关方通过在BIM中插入、提取、更新和修改信息,以支持和反映其各自职责的协同作业。

BIM技术以更加符合人类认知特点的方式管理海量数据并且保持数据的全面性、唯一性、联动性,基于一个信息模型,为解决全寿命周期内各阶段的信息"断层"提供了有效的途径和方法,也为克服检测、监测与评估工作的弊端提供了新的思路。

结构健康监测系统针对结构的安全性指标实时在线监测,当监测系统规模较大、传感器数量较多时,每天获取的监测数据将是海量的。基于BIM技术的运维平台可实现海量监测数据的管理分析、三维可视化显示及灾害预报预警,非常适合结构健康监测系统的后台管理工作。

3.2 健康监测系统的运行模式

3.2.1 采集参数设置

健康监测系统中的关键参数是数据采样频率,其设置得合适与否关系到监测数据的正确与否。整个监测系统的监测指标有结构振动信号、构件应变、桩基倾斜、环境温度及结构耐久性等。考虑到监测数据量及分析难度,所有应变、温度、倾角等均统一采用 1.0Hz 的低速采样频率,采样方式为连续采样。考虑采样频率与振动频率的相互关系,在保证码头结构振动信号完整的前提下,结构振动信号和船舶撞击力信号的采样频率设置为 50Hz。

3.2.2 数据通信与传输方式

智能健康监测系统与无线网络通信技术的结合发展使得远程硬件管理和远程数据管理等功能成为可能。两者的结合可以使所有传感器数据的采集、分析及结构安全评估工作在远程的计算机终端进行。这种结构系统更加有利于提高数据对象信息应用的时效性,科研人员和工程技术人员即使不在现场,也可以通过网络随时了解现场的监测系统运行情况及监测数据的实时变化。

本研究设计的港口水工建筑物健康监测系统的数据通信与传输方式是基于 4G 网络的无线传输,传输设备主要由工控机、无线发射模块、4G 网络及数据分析终端组成。其中,工控机和无线发射模块均放置在监测系统控制箱内,控制箱位于码头的监控室中。

传感器测量的数据首先通过光缆传输的方式存入工控机,经过初步的数据滤波与数据处理后,经由无线发射模块通过 4G 网络接入 Internet 网络,然后通过无线网络上传的方式将数据上传至基于 BIM 技术的运维平台中的监测数据库中,存入远程终端数据库的数据经过处理与分析,基于相关的结构损伤识别与评估方法,可对港口水工建筑物结构的状态进行评估,实现码头结构的健康监测与预警。数据通信与传输系统示意图如图 3-1 所示。

图 3-1 数据通信与传输系统示意图

第3章 基于BIM技术的港口水工建筑物健康监测运维平台设计与实施

系统主要实现了以下五部分内容：

1）现场采集设备的管理

根据监测需求，工程现场布设的采集设备包括传感器、采集仪和工控机。其中，传感器安装在码头前方和后方承台的标准结构段上，传感器采集到的模拟数据以光纤传输方式传输到采集仪，并由采集仪传输到其附近的工控机上进行存储，以待远距离传输。

2）传感器管理

由依托工程介绍可知，现场布设了温度、位移、应变和振动四种类型的传感器。这四类、几百个传感器均需在系统中添加，添加后如无改变可一直沿用。根据每一类传感器的特点，添加到系统时需提供的参数不尽相同。

随着海水的侵蚀和传感器使用寿命的不断减少，传感器将会面临损坏的可能，从而无法完成该点位的监测。传感器配置成功后，系统提供了传感器自检功能，当传感器不能正常工作时，系统会自动报警，系统管理人员根据提示信息可对该点位的传感器进行进一步的查看和检测。

3）采集仪管理

系统中需添加现场布设的采集仪，并与传感器进行关联。关联后，传感器的数据可按时序传输到远端采集仪处。

当采集仪不能正常工作时，系统会自动报警，提醒系统管理人员到现场查看采集仪的工作状态和排除异常情况。

4）工控机管理

系统中需添加现场布设的工控机，并与采集仪进行关联。关联后的采集仪数据可传输到工控机中。工控机作为现场设备的终端，会将收集到的数据进行简单的处理后发出。

当工控机不能正常工作时，系统会自动报警，提醒系统管理人员到现场查看工控机的工作状态并排除异常情况。

5）现场设备采集计划

系统提供了可根据实际情况和需求自行设置的设备采集计划。可设置现场传感器的采集开始时间、采集终止时间、采集频率、上传间隔、上传时长、上传触发值等关键信息，从而筛选现场监测数据，获取有效信息。

3.3 基于BIM的港口水工建筑物结构健康监测运维平台设计

基于BIM技术的港口水工建筑物结构健康监测运维平台的主要特点是可以三维模式开

展数据管理分析、显示、查看等工作,操作较直观。因此,根据天津港南疆 27 号通用码头工程结构健康监测系统的设计要求,为了对码头健康监测系统的场外设备进行衔接,对监测仪器设备进行远程管理、对监测数据进行分析处理和动态显示,开发了基于 BIM 技术的监测系统运维平台。平台旨在梳理、分析和深度挖掘监测数据,通过多角度的对比显示,为码头日常运行管理提供生动直观的数据指导。

根据监测系统的技术要求,基于 BIM 技术的运维平台设计主要功能模块包括项目概况、传感器信息、监测数据展示、数据导出及安全状态评估与预警,每个模块的具体功能介绍如下。

3.3.1 项目概况模块

针对码头等港口水工建筑物的结构健康监测部分,进入基于 BIM 技术的运维平台,以相应权限的用户名和密码登录,便可选择相应的工程项目进行查看。当选择天津港南疆 27 号通用码头工程结构健康监测系统工程后,便可显示项目地理信息、项目概况、传感器信息、监测数据展示、数据导出及安全状态评估等,然后即可进行相关操作(图 3-2)。

图 3-2　项目概况模块界面

打开天津港南疆 27 号通用码头工程结构健康监测系统,直接进入的界面即是项目概况模块,包括监测系统的介绍、监测系统的规模、采用的传感器类型、采用的数据采集仪、设备的使用数据等信息;同时,通过操作地图可以纵览项目的地理位置。

3.3.2 传感器信息模块

当选择传感器信息模块后,界面将显示出针对天津港南疆 27 号通用码头工程结构的三维 BIM 模型,可实现整个码头的三维漫游,可以重点查看每个传感器的具体位置,以三维的形式展示出来,给人以身临其境的感觉。同时,该模块可实现不同条件下的传感器状态筛选。针对出现红、橙、黄、蓝、绿等颜色的传感器,通过筛选即可查看相应颜色的传感器的位置,及时了解每个传感器的状态和码头可能出现安全隐患的位置。具体界面如图 3-3 所示。

图 3-3 传感器信息模块界面

同时,软件还可实现每只传感器状态及信息的查询,直接通过模型中相应传感器的位置,即可显示传感器的详细信息,包括位置、编号、当前监测指标的最大和最小值及相应指标的预警限值,具体界面如图 3-4 所示。

图 3-4 传感器信息查询界面

基于 BIM 的运维平台将现场布设的传感器与码头泊位结构相结合,以三维表现形式,直观地显示南疆 27 号通用码头工程整体结构外观。在三维 BIM 模型中标识出了现场传感器的布设位置,点击传感器符号,可获取该传感器工作状态下的实时监测参数信息。同时,平台提供了基本的用户和权限管理、密码修改、传感器参数设置以及预警值设定等功能。

3.3.3 监测数据显示模块

天津港南疆 27 号通用码头工程结构健康监测系统的监测指标包括结构构件的应变、桩基倾斜、环境温度、结构整体加速度及钢筋混凝土耐久性。监测系统运行时,将通过无线传输的方式将监测数据源源不断地发送到基于 BIM 技术的运维平台。数据显示模块可将监测到的数据实时显示出来。界面可显示 12 个传感器的时程曲线,各曲线实时变化(图 3-5)。

可通过界面左侧的下拉选择按钮进行选择,改变当前显示的监测曲线。

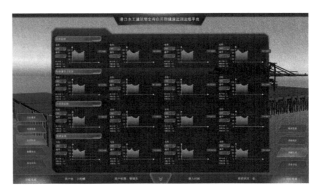

图 3-5 监测数据显示界面

整个界面具有以下展示功能:

1) 全局总览

系统的首页显示了每类传感器的实时监测数据变化。系统将每类传感器监测数据以不同颜色的曲线标识到同一个图中,用户可直观地观察到同一时刻不同点位同一类传感器的数据。

2) 多传感器对比分析

首页的各类传感器实时显示可以给用户一个直观的、全局的显示效果,系统数据分析模块还对其进行了更为精细、准确的分析。根据需求,可指定对比分析的主体传感器及其数量,可选择对比分析的开始日期和结束日期等。对比分析图中会根据上述要求只显示用户所关注的内容。对比分析图可清晰、直观地显示每一个传感器的数据随着时间推移的变化曲线,也可以显示同一类传感器中的几个或者全部传感器的数据随时间推移的变化曲线。

3) 单一传感器数据的时程分析

系统在提供多个传感器的数据的对比分析的同时,还可展示单一传感器数据的时程分析功能。根据需求可选择所关注的某一个传感器,设定观察的开始日期和结束日期,以天为单位。

4) 单一传感器区域范围曲线变化

系统在单一传感器数据的时程分析的基础上,提供了区域范围和实时数据叠加的分析图,方便对该传感器在当前一段时间内每天的最大值、最小值和平均值进行比较。

5) 时间轴折线分析

系统提供了一段时间内每一天传感器数据的均值变化曲线。选择某一传感器,设定观察的开始日期和结束日期,即可显示该时间段内该传感器数据的变化情况。

第3章　基于BIM技术的港口水工建筑物健康监测运维平台设计与实施

3.3.4　数据导出模块

为了方便数据存储及后期处理分析,系统具有监测数据的导出功能。数据导出模块可将所有监测传感器的监测数据导出至文本文件,如.txt、.xls等格式。在导出界面中,可选择需导出数据的相应传感器、选择导出的时间段等信息,点击导出按钮即可导出相应的监测数据。

3.3.5　安全状态评估与预警模块

为了总体查看整个监测系统的运行状态以及结构整体的安全状态,系统设计了结构安全状态评估模块,可实现基于监测数据的结构安全状态评估,超出预警限值发出预警信息。该组块中可以显示红、橙、黄、蓝、绿等不同颜色状态的传感器数量统计、相应传感器类型等信息,并以柱形图展示出来,结果清晰直观,可充分了解码头的安全状态。

3.4　本章小结

本章根据天津港南疆27号通用码头工程结构健康监测系统的设计方案,针对健康监测系统中涉及的监测指标及后期的监测数据管理,开发了基于BIM技术的运维平台,可实现码头结构三维可视化漫游、数据的可视化显示与管理、码头状态的评估与预警:

①确定了基于BIM技术的港口水工建筑物健康监测系统的运行模式,介绍了各监测指标的采集参数以及数据通信方式,应变、倾角、温度等参数采用1Hz的采样频率,结构振动及撞击力参数采用50Hz的采样频率,采用4G网络进行无线数据传输。

②针对港口水工建筑物健康监测系统的设计要求,基于BIM技术开发了运维平台,平台包含项目概况模块、传感器信息模块、监测数据显示模块、数据导出组块、安全状态评估与预警模块。运维平台可对监测系统进行三维可视化管理,平台可实现码头结构的三维漫游、传感器的三维可视化管理、监测数据的显示及码头状态的评估与预警。

第4章 基于监测数据的港口水工建筑物健康状态评估及预警技术研究

4.1 引 言

港口水工建筑物结构健康监测的主要目的是基于监测数据对结构的健康状态进行评估,并针对评估结果发出预警。目前,在建筑、桥梁领域,已有较多的结构损伤识别方法,以及基于监测数据的结构健康状态评估方法和预警技术。由此,参照相关领域的技术方法,开展基于监测数据的港口水工建筑物健康状态评估及预警技术研究,是建立港口水工建筑物健康监测技术体系的关键内容之一。开展基于监测数据的港口水工建筑物健康状态评估工作,首先对监测数据进行处理,然后基于处理后的数据,根据结构力学性能进行健康状态评估,根据评估结果对结构的灾变等级进行预警。因此,本章主要从监测数据处理与数据融合、结构健康状态评估方法及预警技术等方面,对港口水工建筑物健康监测的数据处理方法、状态评估方法及预警技术进行了深入研究,建立适用于港口水工建筑物的健康状态评估与预警体系。

4.2 港口水工建筑物健康监测信号处理技术

传感器数据采集是将结构变化的物理参数转化为电信号以便数据的传输;而信号处理则是将信号解调,对传输过程中产生的噪声进行除噪并从传输信号中进行信息提取的过程。结构健康监测信号处理的主要目的是寻求一种简便而且有效的方法来描述信号,以便让信号所包含的内容显示出来。

针对港口水工建筑物结构健康监测与损伤诊断的特征参数,利用信号处理技术对结构的响应进行识别,得到结构的模态参数(如频率、振型、阻尼等),进而用于结构的损伤识别。

信号处理技术在最近几十年得到了快速发展。基于动力监测数据的数据处理分析方法有傅里叶变换、短时傅里叶变换、小波分析、小波包分析等。

傅里叶变换一直是信号处理领域应用最为广泛的一种分析方法。其基本原理是将信号从时间域转换到频率域,可以从幅值域、频率域和时间域来描述信号特征,而且三者之间能

第4章 基于监测数据的港口水工建筑物健康状态评估及预警技术研究

通过一定的数学运算来进行转换。任何能量有限信号均可用傅里叶变换来表示,并且有着明确的物理意义。但是,傅里叶分析是一种全局的变换,要么完全在时间域,要么完全在频率域,因此无法表述信号的时频局部性质,而时频局部性质是非平稳信号最基本和最关键的性质。

短时傅里叶变换是基于傅里叶变换发展而来的,其思路是用一个有限区间外恒等于零的光滑函数去取所要研究的信号,然后对其进行傅里叶变换,即给信号加一个小窗,信号的傅里叶变换主要集中在小窗内,因此可反映信号的局部特征。

小波分析是传统傅里叶变换的扩展。其优点在于利用了一个可以伸缩和平衡的窗口聚焦到信号的任意时间段进行时频域处理,提供多个水平的细节以及对原始信号多尺度的近似,既可以看到信号的全局,又可以分析信号的局部细节,且可以保留数据的瞬时特征。利用小波分析结构损伤前后的时域和频域响应,可以确定诸如高次谐波、亚谐波以及混沌现象等系统响应的动力学特性,进而检测结构的非线性特性。通过小波分析局部扩大和局部压缩的特性,可以对微弱信号进行检测,这在结构损伤初期的监测中很有作用。

小波包分析是在小波分析的基础上发展起来的,它能够为信号提供一种更加精细的分析方法,它将频带进行多层次划分,对多分辨分析没有细分的高频部分进一步分解,并能够根据被分析信号的特征,自适应地选择相应的频带,使之与信号频谱相匹配,从而提高时-频分辨率,具有更高的应用价值。

信号处理是健康监测系统中的一个重要环节,处理方法对处理结果的影响较大。在信号去噪时,小波包变换可以将不同频段的信号分离,信号和噪声经小波包分解后,其小波包系数将表现出不同特性,通过对小波包系统进行阈值处理,可以有效地抑制噪声,很好地重构信号。在损伤检测和特征提取中,小波包分析能够用来检测由于结构损伤引起的振动信号微小变化,从而实现损伤预警。而且,由于小波包分析实现了对非稳态信号的时-频域分析,能够直接对振动信号进行小波包分解,然后计算节点能量,提取信号特征。由于不同的结构损伤状态对应不同的小波包节点能量分布,因此可把小波包节点能量作为损伤特征指标,实现结构损伤识别。在数据压缩过程中,应用小波包分析来进行数据压缩,只需要一个数据量很小的低频系统和几个高频系统即可保留信号中的重要信息成分,并可反映信号的变化趋势,非常适合健康监测系统的数据压缩。

4.2.1 数据预处理与数据融合技术

4.2.1.1 数据预处理方法

监测原始数据的特点是含噪声且不完整。数据预处理是将原始采集数据进行数据清理、数据集成、数据转换、数据归约、数据压缩的过程。

数据清理能够填补空缺数据,平滑噪声,识别、去除孤立点,纠正不一致的数据,从而改善数据质量,提高数据挖掘的精度和性能。数据清理的方法主要有填补空缺值、消除噪声数据、实现数据一致性等。港口水工建筑物结构健康监测过程中,海量监测数据中也可能存在某些数据的遗漏,而分析这些不完整的数据时,必须通过推导来填充空缺值。具体的方法有:忽略元组、人工填写空缺值、用全局常量填充空缺值、用属性平均值填充空缺、用同类样本的平均值填补空缺、用最可能的值填充空缺、用最近邻方法填补空缺等。

测量噪声在数据信号采集中是普遍存在的,噪声可能是由信号采集仪器的信号传送设备的热、磁及电效应引起的,也可能是由观测误差引起的。信号被噪声污染的程度较大时,会给港口水工建筑物结构损伤识别带来困难,必须使用有效的信噪分离技术进行去噪处理,再进行后续的损伤识别分析。实践中,通常使用数据平滑技术来消除噪声,主要方法有分箱法、加窗法、多次平均法、聚类法、计算机与人工检查结合法、回归法等,具体应根据实际测量数据的状态进行选择。

在结构健康监测数据处理时可能需要进行数据转换。数据转换的目的是使数据转换后形成适合挖掘的形式。如模型线性化、加强变量的稳定性、统一数据编码和数据结构、给数据加上时间标准、对数据集进行各种运算以及语义转换等,都属于数据转换工作。数据转换主要的方法有数据平滑、数据聚类、数据概化、数据规范化等,应根据监测数据状态选用。

数据归约在结构健康监测的数据处理中也是很重要的一项工作。数据归约主要用来得到数据集的归约表示,使数据规模缩小,但仍接近原数据的完整性。后期对归约后的数据集进行数据处理,可以实现高效率数据挖掘,并能产生相同或几乎相同的分析结果。常用的数据归约技术策略有数据立方体聚集、维归约、数值归约、数据压缩等。维归约是通过删除不相关的属性或维,达到减少数据量的目的。通常使用属性子集选择方法,找出最小属性集,使数据类的概率分布尽可能接近原始数据分布。通过维归约能减少模式上的属性数目,使模式更易于理解。数值归约技术是利用替代数据以"较小的"数据表示形式来达到减少数据量的目的。

数据压缩是结构健康监测领域针对数据处理常用的方法。结构健康监测过程中,大量的传感器实时地对结构进行监测,海量的测试信号不断被传回数据中心的主机上,随着系统的持续运行,数据量将十分庞大。采用有效的数据压缩技术不仅可以大幅减少数据存储对存储设备的需求,并且有利于数据的管理,以便建立健康状态档案。数据压缩主要有无损压缩和有损压缩两类,前者可以不丢失任何信息地还原压缩数据,后者只能重新构造原数据的近似表示。在数据处理中,经常用到的压缩方法有主组分析法和小波变换法,这两种方法都属于有损数据压缩方法。

第4章 基于监测数据的港口水工建筑物健康状态评估及预警技术研究

4.2.1.2 数据融合

数据融合是一种新的数据处理方法,它通过对多源数据的分析、综合支配和使用,获得对被测对象的一致性解释,进而实现相应的决策和估计,获得比单一数据更可靠的信息。结构健康监测系统是对运行状态信息和已有的各种知识进行综合处理,从而得到关于系统运行状态和故障状况的综合评价。数据融合的过程其实就是信息提纯的过程,其最终目的是综合利用各种信息提高诊断的准确率。因此,数据融合与结构健康监测的目的和要求是一致的。数据融合技术在结构健康监测中的应用主要有三点优势:一是结构健康监测系统多传感器形成了不同通道的信号;二是同一信号形成了不同的特征信息;三是不同诊断途径得出了不偏差的诊断结论。将数据融合技术应用于故障监测、报警以及故障诊断系统中,能够更加精确地获取结构运行状态的估计,提高诊断的置信程度。

多传感器数据融合是许多传统学科和新兴工程领域相结合而产生的前沿技术领域,是针对一个系统中使用多个和多类传感器这一特定问题的一种新的数据处理方法。多传感器数据融合是充分利用不同时间与空间的多传感器数据资源,采用计算机技术对按时间序列获得的多传感器观测数据,在一定的准则下进行分析、综合、支配和使用,获得对被测对象的一致性解释与描述,进而实现相应的决策和估计,获得比单一传感器更充分的信息。多传感器系统是硬件基础,多源信息是数据融合的加工对象,协调优化和综合处理是数据融合的核心。

数据融合的基本原理类似人脑综合处理信息的过程,其充分利用多传感器资源,通过对信息的合理支配,将空间上的冗余或互补信息依据某种准则组合,使用信息系统获得比其各组成部分更优越的性能。数据融合流程如图 4-1 所示。

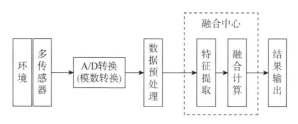

图 4-1 数据融合流程图

结构健康监测过程中,被测对象大部分是具有不同特征的信号,要将其转换成电信号,然后经过 A/D 转换将它们转换为数字量。数字化后的电信号由于受到环境等随机因素的影响,不可避免地存在干扰和噪声信号,因此,需要通过预处理滤除数据采集过程中的干扰和噪声,再经过特征提取,并对某一特征量进行数据融合计算,最后输出融合结果。

4.2.2 港口水工建筑物结构健康监测系统数据处理方法

港口水工建筑物结构健康监测系统采集到的数据先经过数据预处理后,再经过数据融合处理技术进行数据处理,具体步骤是首先对测量的数据进行一致性检查,消除可疑数据后再进行融合,才能得到准确的结果。

4.2.2.1 测量数据一致性检查

由于现场环境复杂,测量会受到突发性强干扰、测量设备本身故障等的影响,有时个别测量数据与其他数据差异很大,这些数据属于偶然误差,如果保留这些数据,会对试验结果造成较大影响;但也不能随意删除或舍弃这些数据。因此,必须剔除影响测量数据一致性的可疑数据,才能进行数据融合。

采用 Pauta 准则来进行数据一致性检验,基于偶然误差符合正态分布,误差大于 3 倍标准差的测量数据出现的概率仅为 0.003,这种误差可认为不属于偶然误差,那么该数据应删除或舍弃。

4.2.2.2 数据融合算法

应变传感器的测量结果具有正态分布特性,所以应变测量数据可以采用算术平均值算法与分批估计相结合的融合算法。

对若干个测量数据进行一致性检验,然后将检验后的数据分成两组,对两组数据的平均值采用分批估计算法。

设被测应变的真值为 S_0,则应变测量值可表示为:

$$S = \boldsymbol{H} \times S_0 + N \tag{4-1}$$

其中,S 为应变测量值;系数矩阵 $\boldsymbol{H} = \begin{bmatrix} 1 \\ 1 \end{bmatrix}$;$N$ 为测量噪声。

设第一组一致性测量数据为:

$$S_{11}, S_{12}, \cdots, S_{1m}, m \leqslant 10 \tag{4-2}$$

第二组一致性测量数据为:

$$S_{21}, S_{22}, \cdots, S_{2n}, n \leqslant 10 \tag{4-3}$$

则两组测量数据的算术平均值分别为:

$$\bar{S}_{g1} = \frac{1}{m} \sum_{p=1}^{m} S_{1p} \tag{4-4}$$

$$\bar{S}_{g2} = \frac{1}{n} \sum_{q=1}^{n} S_{1q} \tag{4-5}$$

相应的标准偏差分别为:

第4章 基于监测数据的港口水工建筑物健康状态评估及预警技术研究

$$\sigma_{(1)} = \frac{\sqrt{\sum_{p=1}^{m}(s_{1p}-\bar{s}_{g1})^2}}{m-1} \tag{4-6}$$

$$\sigma_{(2)} = \frac{\sqrt{\sum_{q=1}^{n}(s_{1q}-\bar{s}_{g2})^2}}{n-1} \tag{4-7}$$

同时考虑第一、第二组的测量结果,则测量方程式(4-1)可变成:

$$S = \begin{bmatrix}\bar{S}_{g1}\\\bar{S}_{g2}\end{bmatrix} = \begin{bmatrix}1\\1\end{bmatrix}S_0 + \begin{bmatrix}N_{(1)}\\N_{(2)}\end{bmatrix} \tag{4-8}$$

其中,$N_{(1)}$、$N_{(2)}$分别为$\bar{S}_{g1}$、$\bar{S}_{g2}$的测量噪声,即剩余误差。此时,$\bar{S}_{g1}$、$\bar{S}_{g2}$为同一批的两个测量数据,此前无任何有关应变测量的统计资料,也就是说此前测量数据的方差$\sigma_b^2 = \infty$,则$(\sigma_b^2)^{-1} = 0$。

根据分批估计理论,对已有的测量结果$\bar{S}_{g1}$、$\bar{S}_{g2}$进行分批估计,则应变融合值的方差为σ_a^2:

$$\sigma_a^2 = [(\sigma_b^2)^{-1} + \boldsymbol{H}^T\boldsymbol{R}^{-1}\boldsymbol{H}]^{-1} = \left\{\begin{bmatrix}1 & 1\end{bmatrix}\begin{bmatrix}\dfrac{1}{\sigma_{(1)}^2} & 0 \\ 0 & \dfrac{1}{\sigma_{(2)}^2}\end{bmatrix}\begin{bmatrix}1\\1\end{bmatrix}\right\}^{-1} = \frac{\sigma_{(1)}^2 \sigma_{(2)}^2}{\sigma_{(1)}^2 + \sigma_{(2)}^2} \tag{4-9}$$

其中,$\boldsymbol{H}^T$为$\boldsymbol{H}$的转置矩阵;$\boldsymbol{R}$为测量噪声的协方差,且:

$$\boldsymbol{R} = E[N\ N^T] = \begin{bmatrix}E[N_{(1)}^2] & E[N_{(1)}\ N_{(2)}] \\ E[N_{(2)}\ N_{(1)}] & E[N_{(2)}^2]\end{bmatrix} = \begin{bmatrix}\sigma_{(1)}^2 & 0 \\ 0 & \sigma_{(2)}^2\end{bmatrix} \tag{4-10}$$

由分批估计导出的应变数据融合值S_a为:

$$S_a = \frac{\sigma_{(1)}^2 \sigma_{(2)}^2}{\sigma_{(1)}^2 + \sigma_{(2)}^2}\begin{bmatrix}1 & 1\end{bmatrix}\begin{bmatrix}\dfrac{1}{\sigma_{(1)}^2} & 0 \\ 0 & \dfrac{1}{\sigma_{(2)}^2}\end{bmatrix}\begin{bmatrix}\bar{S}_{g1}\\\bar{S}_{g2}\end{bmatrix} = \frac{\sigma_{(2)}^2}{\sigma_{(1)}^2 + \sigma_{(2)}^2}\bar{S}_{g1} + \frac{\sigma_{(2)}^2}{\sigma_{(1)}^2 + \sigma_{(2)}^2}\bar{S}_{g2} \tag{4-11}$$

可见,这种基于算术平均值与分批估计相结合的数据融合方法,实际上就是在获得两组具有较高可靠性测量数据的基础上,根据二者方差加权融合处理得到更加接近测量参数真实值的融合值。

4.2.3 港口水工建筑物结构健康监测数据管理与分析

港口水工建筑物结构健康监测系统中的数据管理与分析模块的主要功能是实现对结构

工作状态监测过程中所获取数据的存储和管理,并对数据进行处理分析,从而对结构进行结构安全状态评估与灾变预警。

监测系统中的监测数据管理部分主要用来存储和管理监测采集到的数据,利用该功能可对数据进行修改、删除、编辑、查询等操作。监测系统的监测数据分析部分的功能是根据码头结构实时监测获得的信息,科学、准确、客观地评价码头结构的安全性、耐久性和正常使用功能,为码头的维护与管理提供决策依据,必要时发出预警信息,以保证码头结构和作业人员的安全。监测数据分析的主要工作是结构损伤识别和安全性评估与预警。目前,结构的损伤识别方法主要有动力指纹分析法、模型修正法、系统识别法、神经网络法、遗传算法、小波变换法等。结构的安全性评估主要采用可靠度理论进行评定,安全评定分为正常使用状态安全评定和极限承载力状态安全评定,具体原理在下节中详述。

4.3 基于监测数据的港口水工建筑物结构损伤识别方法

损伤识别是基于振动理论、传感技术、测试技术、系统识别理论、信号分析处理、数据通信、计算机、随机过程和可靠度等的系统工程。经过多年的研究实践,各种方法日臻成熟,且在结构健康监测领域有所应用。

经过对比分析,可以在码头健康监测领域应用的方法大体有如下几种:

1)基于振动的结构损伤识别方法

基于振动的结构损伤识别方法按照所利用的特性量是否使用结构模型,可以分为无模型识别方法和有模型识别方法。无模型损伤识别方法是通过分析、比较直接从振动响应的过程或者相应的傅里叶谱和其他变换得到的特征量,从而识别损伤的方法;有模型识别方法按照求解问题的方法可以分为动力指纹分析法或模式识别方法和模型修正法两类。

2)基于神经网络的结构损伤位置识别方法

结构的损伤检测过程可以分为损伤报警、损伤区域定位、具体损伤构件和损伤程度的识别三个阶段。结构损伤区域定位常用的方法是用损伤区域定位指标,如莫泰曲率指标、模态柔度指标等。由于这些结构指标对测量数据的数量过多的要求,使得这些方法在大型工程结构上的实际应用受到较大的限制,因此,神经网络技术在损伤检测中的使用价值得到进一步体现。

3)结构损伤检测的曲率模态方法

根据结构动力学理论可知,结构损伤的存在会影响结构的动态特性,例如降低结构的刚度、增大阻尼、改变振动频率与振动模态、引起结构边界条件的变化等,使结构显示出与正常

第4章 基于监测数据的港口水工建筑物健康状态评估及预警技术研究

结构相区别的动态特性,因此,可以利用结构系统各种模态参数的变化作为特性标识量来诊断结构的损伤。利用曲率模态法进行结构损伤检测之前,首先要解决损伤标识量选择问题。用于损伤识别的物理量最好是局域量,并且需要满足两个基本条件:一是对局部损伤敏感;二是为位置坐标的单调函数。在试验中必须控制噪声,当位移模态噪声小于1%时噪声的影响不太明显,超过1%时损伤位置很难被检测出来。

4)利用动静力测量数据的结构损伤识别方法

为借助更多反映结构状况的实测信息,基于振动模态数据的子结构修正法提出一种联合运用动力和静力量测数据的损伤识别方法,这一方法克服了工程实测中自由度不足的困难。

利用静动力测量数据的结构损伤识别方法中,最基础的是一种利用结构振动模态数据修正结构刚度的子结构算法(包括基于振动模态数据的子结构修正法、基于静力位移量测值的子结构修正法和推广的子结构修正法),这一方法可推广为同时利用振动模态数据和静力位移量测技术的损伤识别方法。

5)基于单元模态应变能法的结构损伤识别方法

基于单元模态应变能法是根据结构损伤前后动力特征变化的分析,导出单元损伤引起的结构模态振型的改变系数,然后运用结构局部损伤因子法建立单元损伤敏感的指示因子,从而推导出单元损伤前后的单元模态应变能的变化,并对损伤单元与未损伤的单元之间的关系进行研究,最后以单元模态应变能的变化率作为损伤定位的判别参数,对结构进行损伤识别。

基于单元模态应变能法的损伤识别对整体结构的局部损伤有较好的识别效果,对于其他结构,应该在知道损伤前、后的模态振型和单元刚度振型等信息的前提下,才可以运用基于单元模态应变能法进行损伤识别诊断。

4.4 基于监测数据的港口水工建筑物结构安全评估办法

根据上文论述,港口水工建筑物结构健康监测系统的监测指标主要包括结构的整体变位、构件的变形、关键构件的应变、环境温度及结构振动加速度。港口水工建筑物结构安全评估主要是基于监测数据分析对结构安全性能进行整体评价。因此,根据监测指标,基于监测数据的港口水工建筑物安全性评估应从码头结构位移、应变及结构振动加速度方面进行。

4.4.1 基于结构位移的结构安全性评估

港口水工建筑物结构健康监测系统的结构位移监测包括结构整体变位监测和梁、板等关键构件的变形监测,因此,基于位移监测数据的港口水工建筑物结构安全评估应从结构整体变位和构件变形两方面分别进行。评估时,按照抗作比理论确定结构的评估等级,根据设计理论及工程经验,将监测值与预警阈值的作抗比值确定为4个极点,分别为0.9、1.0、1.05、1.1,根据这4个极点将结构的评估等级分为5级,评估分级标准按照表4-1执行。同时,确定了每个评估等级对应的颜色,用于后面的结构灾变预警。

港口水工建筑物结构安全性评估分级标准　　　　表 4-1

项 目	等 级				
	A+级	A 级	B 级	C 级	D 级
监测指标 r	$r<0.9$	$0.9 \leqslant r<1.0$	$1.0 \leqslant r<1.05$	$1.05 \leqslant r<1.1$	$r \geqslant 1.1$
预警颜色	绿色	蓝色	黄色	橙色	红色

注:r 表示监测值与预警阈值的比值。

对于高桩码头结构,根据多年的检测、监测经验,其最大水平位移量多为 30~60mm,根据统计原理,确定高桩码头结构的水平预警阈值为 50mm,基于此阈值,根据表 4-1 可确定基于监测数据的结构安全等级。而对于高桩码头结构的构件,不同类型构件的最大变形量不同,如混凝土轨道梁为 $l_0/800$,混凝土一般梁为 $l_0/600$,混凝土板为 $l_0/300$,其中 l_0 为构件的计算跨度。由此,针对特定高桩码头结构构件可确定其挠度阈值,由确定的阈值,根据表 4-1 可进行高桩码头结构构件的安全性评估。高桩码头结构健康监测系统根据结构整体位移评估结果和构件评估结果发出预警,业主可根据预警结果选择合理的维修维护方案。

4.4.2 基于应变的结构安全性评估

港口水工建筑物结构构件主要包含钢筋混凝土构件和钢结构构件。对于钢筋混凝土构件的安全性评估,主要以混凝土材料特性控制其安全性状态。混凝土材料特性是抗压不抗拉,极限抗拉应变在 $100\mu\varepsilon$ 左右,因此,基于应变监测数据的港口水工建筑物结构构件的安全性评估以混凝土的抗拉应变为控制指标,根据健康监测系统监测的构件拉应变及材料的极限抗拉应变,按照表 4-1 即可确定构件的安全等级。

钢结构构件主要材质为钢材。钢材为线性特性较好的材料,拉、压应变是对称的,一般钢材在抗拉应变达到 $1000\mu\varepsilon$ 时发生屈服,该值可作为钢结构构件的应变阈值。根据健康监测系统监测的应变数据,按照表 4-1 的标准即可确定基于应变监测数据的港口水工建筑物钢构件的安全性评估等级。

第4章 基于监测数据的港口水工建筑物健康状态评估及预警技术研究

4.4.3 基于结构振动加速度的结构安全性评估

基于结构振动加速度的结构安全性评估在桥梁及超高层建筑中使用较多。由于港口水工建筑物结构的频响特性与桥梁及超高层建筑的频响特性相差较大,因此相关方法很难直接应用于港口水工建筑物结构的安全性评估。应根据港口水工建筑物结构的力学特性确定基于结构振动信号的结构安全性评估方法。

健康监测系统监测的结构振动加速度信息是码头结构最直接的振动响应信息,振动加速度的峰值可用于结构的安全性评估。在确定评估等级时,可根据《中国地震动参数区划图》(GB 18306—2015)对全国每个地区的地震动区划,将当地的基本烈度对应的地震加速度定为结构的振动加速度阈值;然后,根据监测系统监测到的结构振动加速度峰值,以表 4-1 为标准确定结构的安全性等级,基于结构安全性评级做出相应的灾变预警。

4.5 监测指标预警阈值分析

预警阈值是指根据规定及分析计算出的各预警指标的临界值,考虑相应安全系数后作为发布预警的阈值。预警指标是指为预测码头事故发生时间及空间,定性与定量相结合的衡量指数或参考值。

根据上文的论述,港口水工建筑物结构健康监测系统的监测指标主要包括结构的整体变位、构件的变形、关键构件的应变、环境温度及结构振动加速度。除环境温度外,其余每个指标都要作为结构安全性预警的指标,因此,需确定每种监测指标对应的预警阈值。

4.5.1 结构位移的预警阈值

港口水工建筑物结构健康监测系统的结构位移监测包括结构整体变位监测和梁、板等关键构件的变形监测。对于高桩码头结构,根据多年的检测、监测经验,其最大水平位移量多为 30~60mm,根据统计原理,确定高桩码头结构的水平预警阈值为 50mm。而对于高桩码头结构的构件,根据构件类型的不同,其最大变形量不同,相应构件的预警阈值为:混凝土轨道梁为 $l_0/800$,混凝土一般梁为 $l_0/600$,混凝土板为 $l_0/300$,其中 l_0 为结构构件的计算跨度。

4.5.2 结构应变的预警阈值

港口水工建筑物结构构件主要包含钢筋混凝土构件和钢结构构件。对于钢筋混凝土构件的安全性评估,主要以混凝土材料特性控制其安全性状态。混凝土材料特性是抗压不抗拉,材料的极限抗拉应变在 $100\mu\varepsilon$ 左右,因此以混凝土的抗拉应变为控制指标,其预警阈值为100με。钢结构构件主要材质为钢材,钢材为线性特性较好的材料,拉、压应变是对称的,一般钢材的抗拉应变达到1000με时发生屈服因此,钢结构构件的应变预警阈值为1000με。

4.5.3 结构振动加速度的预警阈值

结构振动加速度信息是码头结构最直接的振动响应信息,振动加速度的峰值可用于结构的安全性评估。在确定结构振动加速度预警阈值时,可根据《中国地震动参数区划图》(GB 18306—2015)对全国每个地区的地震动区划,将当地的基本烈度对应的地震加速度定为结构的振动加速度阈值,如天津塘沽地区的结构振动加速度预警阈值为0.15g[1]。

4.5.4 桩基倾斜角度的预警阈值

根据结构力学知识可知,桩基在发生1°时会发生破坏,因此,桩基倾斜角度的预警阈值取1°。

4.6 本章小结

本章主要从监测数据处理与数据融合、结构健康状态评估方法及预警技术等方面,对港口水工建筑物健康监测的数据处理方法、状态评估方法及预警技术进行了深入研究,具体如下:

①信号处理技术的主要目标是采用简便而有效的方法描述信号,让信号包含的主要信息显示出来。基于常用的数据处理方法,介绍了可用于港口水工建筑物的监测数据处理方法,数据清理、数据集成、数据转换、数据归约、数据压缩等数据预处理方法,以及基于监测数据的结构损伤识别方法,为港口水工建筑物结构健康监测系统数据处理分析奠定了基础。

②基于港口水工建筑物结构健康监测系统的各个监测指标,如位移、应变、加速度等物理量,确定基于各个监测指标的结构安全性评估方法,划定了基于监测数据的评估等级,确定每种监测指标的预警阈值,这为整个港口水工建筑物健康监测系统的数据分析与灾变预警奠定了理论基础,为监测系统软件的编制提供了理论依据。

---

[1] g 为重力加速度。

第5章 大型新建高桩码头健康监测系统设计

5.1 引言

为了实现品质工程建设,提升码头设施自动化管理水平,在交通运输部组织的水运工程施工标准化创建活动中,依托天津港南疆27号通用码头工程,交通运输部天津水运工程科学研究院开展了天津港南疆27号通用码头工程全寿命周期健康监测系统建设技术的研究工作。

天津港南疆27号通用码头工程位于天津港南疆东侧,系高桩梁板式结构,码头总长度390m,共分为6个结构段,为一个新建20万吨级通用泊位,码头结构按靠泊30万吨级散货船设计。码头承台总宽度为75m,其中前桩台宽36.5m,后桩台宽38.5m,东西各布置一个宽40m的引桥。该项目是天津市2016年重点建设项目。

天津港南疆27号通用码头工程位置如图5-1所示。

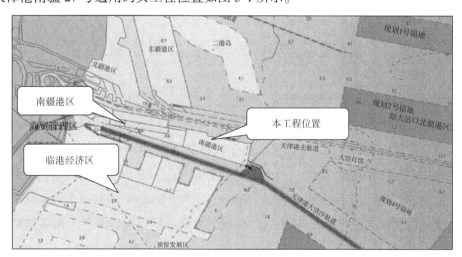

图5-1 天津港南疆27号通用码头工程位置

码头前沿设计底高程为-24.8m,停泊水域宽度为150m。港池设计底高程为-18.5m,岸坡泊位港池挖泥工程量为1692820m³。码头为高桩梁板墩台结构,采用钢管桩502根,预应力混凝土方桩1091根,灌注桩186根。上部结构主要包括:桩帽1242个,现浇墩台12个,梁板 4395 件,码头面积 35000m²。

码头前方承台为梁板式桩台结构,由面板、横梁、轨道梁、桩帽、钢管桩、靠船构件等构成,各构件安装就位后各连接节点采用现浇混凝土浇筑以保证构件连接的可靠性。码头前方承台标准结构段长 65.0m,排架间距分为 7.5m 和 8.0m 两种,每个结构段共 9 个排架,每个排架共计 9 根桩,其中,叉桩与部分直桩均采用直径为 1.2m 的钢管桩,其他直桩采用直径 1.0m 的钢管桩,码头结构断面如图 5-2 所示。

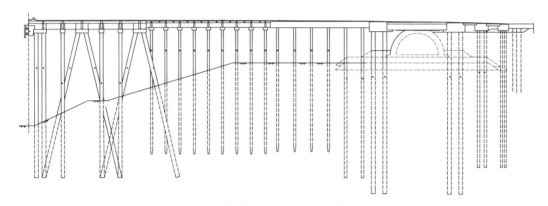

图 5-2 天津港南疆 27 号通用码头结构断面图

码头后方承台同为梁板式桩台结构,由面板、横梁、桩帽、混凝土预应力方桩等构件构成,每个结构段共 17 个排架,每个排架 9 根桩,其中,混凝土预应力空心方桩截面尺寸为 650mm×650mm,桩体均采用 C50F300 混凝土预制。

5.2 新建高桩码头健康监测系统布置

根据码头建成后的运营规划及码头结构的受力特点,天津港南疆 27 号通用码头工程结构的健康监测系统布置位置选择将来码头运营较为繁忙的第二结构段部分,实现码头整个结构段的力学性能监测和耐久性能监测。由于天津港南疆 27 号通用码头由 6 个近似标准结构段组成,每个结构段性能类似,一个结构段的性能状况可基本反映其他结构段的性能状态,进而可反映码头整体结构的性能状态,因此,针对天津港南疆 27 号通用码头第二结构段整体建立健康监测系统是可行的,基于该结构段的监测数据可以推演整个码头结构的性能状态,系统的布置位置是合理的。天津港南疆 27 号通用码头第二结构段的断面图如图 5-3 所示。

码头的主要受力构件为钢管桩、横梁、轨道梁、面板,因此,天津港南疆 27 号通用码头的结构健康监测系统的监测传感器选择布置在第二结构段的钢管桩、横梁、轨道梁及面板,具体如图 5-4 所示。

第5章 大型新建高桩码头健康监测系统设计

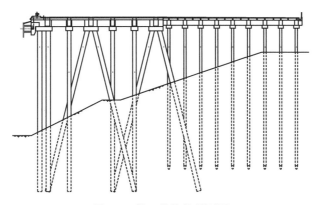

图 5-3 第二结构段断面图

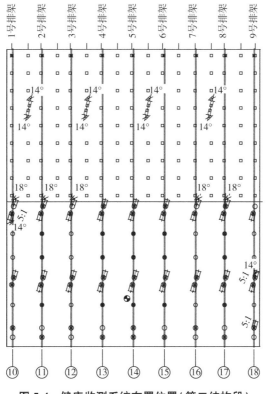

图 5-4 健康监测系统布置位置(第二结构段)

5.3 结构健康监测系统的总体设计原则

结构健康监测系统的总体设计原则为：

1) 目的与功能的主辅原则

码头健康监测系统的主要目的是掌握结构的运营安全状况,因此,实施方案的设计以码

· 61 ·

头结构安全性为主,而其他目的则为辅助性的。

2)功能与成本最优原则

监测项目及传感器数据越多,监测信息就越全面,系统成本就越高,反之系统成本越低,但可能会因为监测信息不足而使监测数据有效性降低。所以,为使系统成本更合理,必须对功能与成本进行优化,使用最小的投资,获得最多的有效监测信息。

3)系统性和可靠性原则

监测系统最基本的要求是可靠性,而系统的可靠性取决于所采用的各种仪器的可靠性、监测网络的布置及设计的统筹安排和施工上的配合等多种因素。

4)关键部件优先与兼顾全面性原则

关键部件是指各种原因导致的可能破坏区、变形敏感区及结构的关键部位,对这些关键部件必须重点监测。但也应考虑全面性,对结构整体性进行监测。

5)可换性与可扩展性原则

由于监测周期长,传感器不可避免地会出现性能下降甚至不可用的情况,设计中应有针对性地考虑系统的可更换性、易维护和完整性以便后续的系统维护和升级。

6)实时与定期监测结合原则

根据监测目的、功能与成本优化确定监测内容后,应考虑实时监测与定期监测分别设置的原则。由于监测内容不同,不是所有监测都必须是长期、实时的,有些内容可考虑采用定期监测的方式,以减少后期维护成本、减轻数据处理压力。

5.4 大型高桩码头结构健康监测指标

天津港南疆27号码头为典型高桩式码头,根据使用荷载的不同,分为前承台和后承台两部分。前承台受到门机荷载、流动机械荷载、货物堆载以及船舶撞击力、系缆力、挤靠力等多种外力的共同作用,受力情况复杂,码头的桩、梁、板等结构构件极易发生损伤破坏,尤其是船舶撞击极易造成码头结构的桩基破损或断桩,严重影响码头的安全性;并且,海洋环境的氯离子侵蚀极易导致钢筋混凝土构件的钢筋锈蚀、混凝土开裂,造成结构的耐久性降低。随着损伤的积累,码头结构极易发生面板垮塌、梁体断裂、结构整体倾斜甚至结构整体倾覆,造成重大的安全事故。因此,高桩码头前承台的安全性更值得关注。

高桩码头结构设计及码头检测评估中,重点关注的物理量主要有码头结构的整体变形变位、桩基应力、横梁应力、轨道梁应力、面板应力、桩基倾斜、钢筋的腐蚀电位及岸坡变形等。据此,根据高桩码头在生产运营期内的受力特点及耐久性破坏特点,并结合码头检测评估与原型观测技术规程方面的规定,天津港南疆27号码头工程结构健康监测系统的监测指

第5章 大型新建高桩码头健康监测系统设计

标可分为6类,即:船舶撞击力监测、结构应变(应力)监测、桩基变位(倾斜)监测、环境温度监测、结构整体动力特性监测和钢筋混凝土结构耐久性监测。

5.4.1 船舶撞击力监测

随着船舶的大型化的发展,船舶对码头的撞击力不断加大,并且船舶靠泊时可能存在靠泊速度控制不当等因素,是否造成船舶撞击力超限不得而知;同时,目前的船舶撞击力计算方法与实际船舶撞击力的差异不明确,进行船舶撞击力的监测很有必要。

监测传感器为光纤光栅船舶撞击力测试系统。

传感器布置在第二结构段护舷位置,如图5-5所示。

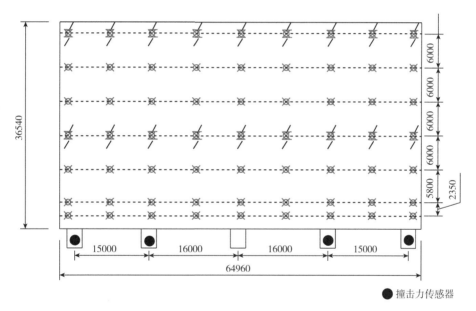

图5-5 压力传感器布置位置(尺寸单位:mm)

5.4.2 结构应变(应力)监测

必要性:通过实时监测钢管桩、横梁、轨道梁、面板等主要受力构件的应变(应力),与码头原设计应变(应力)进行对比,可实时掌握码头结构的外荷载是否超限,是否对码头结构的安全性造成影响。

传感器采用光纤光栅应变传感器。

传感器分别布置在钢管桩、横梁、轨道梁、面板上。每根钢管桩布置3处,分别位于桩基的上、中、下三个部分。具体布置位置如图5-6~图5-9所示。

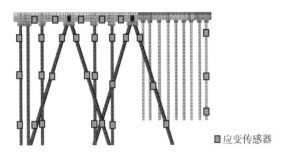
图 5-6　第 2、4、5、6、8 号排架应变传感器布置位置

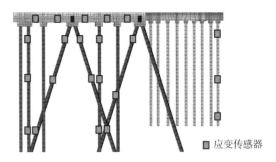
图 5-7　第 1、3、7、9 号排架应变传感器布置位置

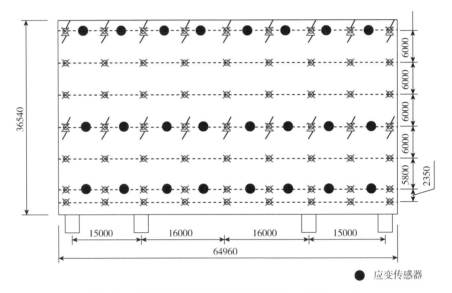
图 5-8　轨道梁应变传感器布置位置(尺寸单位:mm)

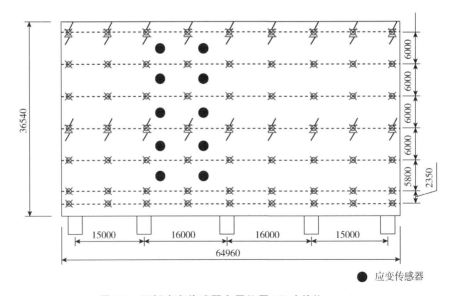
图 5-9　面板应变传感器布置位置(尺寸单位:mm)

第5章 大型新建高桩码头健康监测系统设计

5.4.3 桩基变位(倾斜)监测

通过测量桩基的倾斜,可计算结构整体的变位状态,监测系统可实时监测结构整体的变位状态,通过与原设计值对比,实时判断结构的使用安全性。

传感器采用光纤光栅倾角传感器。

传感器布置在每个排架的每根钢管桩上部,具体如图5-10所示。

5.4.4 环境温度监测

码头建设的材料特性受温度变化的影响,不同温度状态下的构件应力状态不同。通过环境温度的监测,可了解结构的温度应力状态,对结构构件的应力状态监测数据进行对比修正,提高监测数据的精度和可靠性。

传感器采用光纤光栅温度传感器。

传感器布置在每个排架的横梁跨中,具体如图5-11所示。

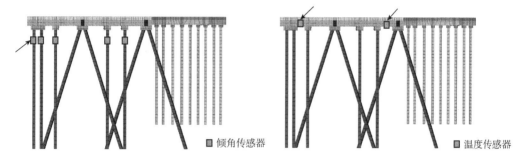

图5-10 第1~9号排架倾角传感器布置位置　　图5-11 第1~9号排架温度传感器布置位置(埋置)

5.4.5 结构整体动力特性

通过监测码头结构整体动力特性,可判断码头结构的损伤状态,并可与应变监测数据相互校核,是进行码头结构动力响应分析的必要手段。

传感器采用光纤光栅加速度传感器。

传感器埋置在结构段两端及中部位置,具体如图5-12所示。

5.4.6 钢筋混凝土结构耐久性监测

通过监测码头钢筋混凝土结构的钢筋锈蚀状态,可实时获取钢筋混凝土构件的钢筋锈蚀状态,对预防因钢筋锈蚀导致的混凝土开裂十分必要。监测数据可为码头结构的维修维护提供科学依据,提高码头设施维护管理水平,有效降低维护成本。

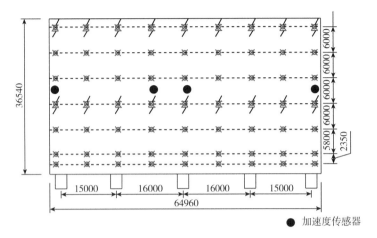

图 5-12 加速度传感器布置位置(两向)(尺寸单位:mm)

传感器采用钢筋腐蚀电位传感器,可输出因钢筋锈蚀而导致的电位变化。

传感器埋置于在横梁(5 号排架)、轨道梁及面板位置,传感器布置具体如图 5-13 和图 5-14 所示。

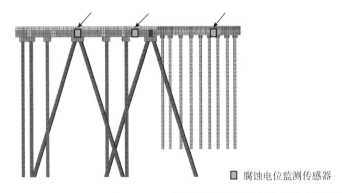

图 5-13 第 5 号排架(后承台第 4 号排架)横梁钢筋腐蚀电位监测仪布置位置(埋置)

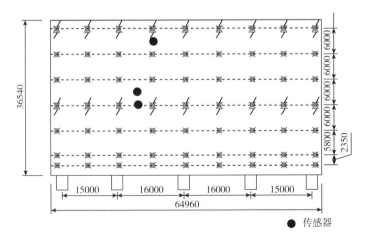

图 5-14 轨道梁、横梁及面板的钢筋腐蚀电位监测仪布置位置(埋置)(尺寸单位:mm)

5.4.7 本节小结

综上所述,本监测系统选择未来作业最为繁忙的结构段(第 2 结构段)作为监测对象,选择一个结构段(9 榀排架)安装相关传感器,具体监测位置及监测指标分别见表 5-1 和表 5-2。

监测位置　　　　　　　　　　　　　　　　表 5-1

对　象	位　置	位　置
一个结构段(前、后承台)	一个结构段(9 榀排架)	桩基
		轨道梁
		横梁
		面板
		整体

监测指标　　　　　　　　　　　　　　　　表 5-2

编号	参　数	传感器名称	位　置	频响范围
1	应变(应力)	光纤光栅应变传感器	桩基、横梁、轨道梁、面板	低频
2	环境温度	光纤光栅温度传感器	结构内部和外部	低频
3	桩基倾斜	光纤光栅倾角传感器	桩基	低频
4	结构整体振动特性	光纤光栅加速度传感器	结构段两端及中部	高频
5	钢筋锈蚀状态	阳极梯	轨道梁、面板、混凝土桩(后承台)	低频
6	船舶撞击力	光纤光栅压力传感器	护舷	低频

传感器系统的布置位置涵盖了码头的桩、梁、板等关键构件,可全面反映结构的安全性、使用性和耐久性性能。传感器布置及走线方式如图 5-15 所示。由传感器子系统采集的监测数据可通过无线传输的方式发送到基于 BIM 技术的数据管理与三维显示系统中,可实时查看码头结构每个构件的性能状态。并且,通过监测数据的处理分析,可评估结构的安全状态,实现结构的灾变预警并实时显示于三维显示系统中,形成一套完善的大型新建高桩码头结构健康监测系统。

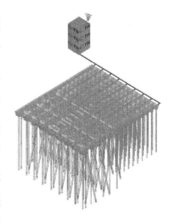

图 5-15　传感器总体布置与走线图

5.5　传感器与设备选型

考虑到本工程的监测点位跨距大、电力供应受限,并且会遇到雨雪天气,应考虑监测数据长距离传输、耗电少且传感器防水、耐腐蚀。基于此,该监测项目选择基于光纤光栅传感技术的光纤监测系统。

光纤 Bragg 光栅利用一定的写入技术在裸光纤的一段范围内写入具有周期性折射率的芯体光栅,属于反射型光栅和短周期光栅。此类光栅对宽光谱入射光中特定波长的光具有反射能力,其他波长的光可全部透射。光纤 Bragg 光栅工作原理示意图如图 5-16 所示,其中反射光的波长满足下式:

$$\lambda = 2n_{\text{eff}}\Lambda/m \tag{5-1}$$

其中,λ 为 FBG 反射光中心波长(布拉格波长,nm);n_{eff} 为光纤有效折射率;Λ 为光栅周期(nm);m 为衍射级数,一般取 1.0。

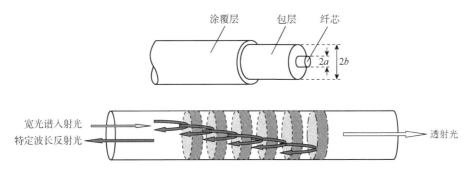

图 5-16 光纤 Bragg 光栅工作原理示意图

由于光纤 Bragg 光栅在外界温度或者应力的作用下,折射率和光栅周期会发生改变,导致 Bragg 波长发生变化,因此通过分析 Bragg 波长的变化即可得出测点的温度或应变。

同时,光纤光栅传感技术中的波分复用技术可实现多个传感器在同一根光缆上串联,且各个传感器的功能互不影响,具体原理如图 5-17 所示。目前,采用波分复用技术,可实现一根光纤上串联 18 个传感器;通过对不同波长光栅进行特定封装,在一根光纤上可实现温度、应变等多参数实时测量。这种技术大幅节约了传感器走线布线的成本和工作量,显著提高了健康监测系统的施工效率。

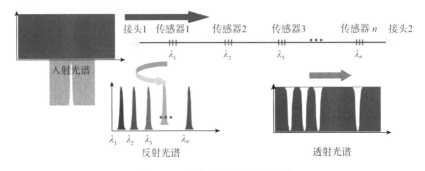

图 5-17 波分复用技术原理图

第5章 大型新建高桩码头健康监测系统设计

综上所述,光纤 Bragg 光栅传感器的优点如下:

①传感器不需要任何电力。

②不受电磁干扰。

③体积小。

④一根光纤可以串接多个传感器,无须特殊连接。

⑤耐腐蚀(化学腐蚀、水腐蚀等)。

⑥传输距离远(>50km)。

该监测项目的传感器参数见表5-3,数据采集设备见表5-4。各类光纤光栅传感器及相应的解调设备分别如图5-18和图5-19所示,光纤光栅加速度传感器的性能参数见表5-5。

传感器参数 表5-3

传感器名称	量程	分辨率	工作温度	频响范围
光纤光栅应变传感器	±2000με	1με	−30~80℃	—
光纤光栅温度传感器	−30~120℃	0.1℃	−30~120℃	—
光纤光栅倾角传感器	−5°~5°	0.01°	−30~80℃	—
光纤光栅加速度传感器	±2g	0.01g	−40℃~120℃	0~120Hz
光纤光栅压力传感器	待定	0.11kN	−40℃~120℃	

数据采集设备 表5-4

传感器名称	通道数	数量(台)	工作温度(℃)	频响范围(Hz)
光纤光栅解调仪(静态)	72	1	−30~80	1
光纤光栅解调仪(动态)	16	1	−30~120	100
腐蚀电位监测仪	4	1	−30~80	1

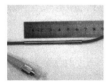   

a)应变传感器　　b)温度传感器　　c)倾角传感器　　d)加速度传感器

图5-18 光纤光栅类传感器

a)光纤光栅静态解调仪　　b)光纤光栅动态解调仪

图5-19 解调设备

加速度传感器性能参数 表5-5

传感器名称	量程	工作温度	频响范围
光纤加速度传感器	±2g	−40~+120℃	0~120Hz

用于监测钢筋混凝土中钢筋锈蚀状态的传感器为电类的阳极梯传感器,其外观如图5-20所示。

 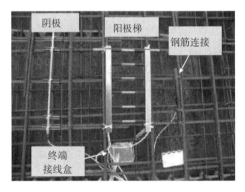

图 5-20 阳极梯传感器外观

根据上节针对监测传感器的选型分析,确定了码头健康监测系统的传感器类型主要为光纤光栅式传感器。根据光纤光栅传感器的特点、监测周期和待测结构的表面特性选择合适的安装方式。光纤光栅传感器的安装方式分为粘接、螺栓连接和焊接,三种方法都是借助于传感器夹持底座来固定传感器。在短期监测和结构表面不允许焊接的情况下选择粘接或螺栓连接,在结构表面允许焊接的情况下优先选择焊接,因焊接的夹持底座更耐久,所测的数据更精确。高桩码头结构的组成构件分为梁、板、桩,结构表面的几何形状分为弧面和平面两种。若将传感器固定在不统一的钢结构表面上需要借助不同的传感器夹持底座,如图5-21~图5-24所示。

图 5-21 平面固定方式(螺栓)   图 5-22 圆弧表面固定方式(焊接)

如图5-23、图5-24所示,圆弧表面弧度并不一致,可通过改变半径(R)来适应不同圆弧表面。

第5章 大型新建高桩码头健康监测系统设计

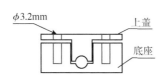

图 5-23 平面用夹持底座示意图

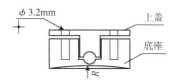

图 5-24 圆弧表面夹持底座示意图

在结构表面，光纤光栅传感器圆管的安装位置定位操作难度较大。定位步骤为：在圆柱体的外表面套一个管状结构，如果该管状结构的内壁与圆柱体的外表面严密贴近，则该管状结构的中心线与圆柱体的中心线完全重合，同时管状结构表面的每一条纵线都与圆柱体中心线平行，如图 5-25 所示。

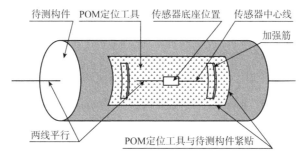

图 5-25 光纤光栅传感器定位示意图所示

其他截面的钢材中心平行线则由边缘位置尺寸确定。POM 特钢是一种新型材料，具有自重轻、强度高、便于携带、耐磨性能好等特点，不易变形，不易磨损，保证了模具精度。

5.6 监测系统构成

监测系统主要由传感器与数据采集子系统、传输与存储子系统、数据处理与应用子系统组成，各子系统主要由以下部分组成：温度自补偿性光纤光栅应变传感器、光纤光栅倾角传感器、光纤光栅温度传感器、光纤光栅加速度传感器、光纤光栅压力传感器、光纤光栅静态解调仪、光纤光栅动态解调仪、光缆、传感器安装夹具、4G 发射模块、工控机、基于 BIM 技术的监测数据管理与三维显示分析系统。

监测系统可实现 24h 全天候在线监测，数据采样频率静态为 1.0Hz、动态为 50Hz（触发设置），静态数据通过无线传输（网络良好状态下）的方式发送到基于 BIM 技术的监测数据管理数据库中，动态数据实时发送至管理服务器中。

5.7 本章小结

本章通过对天津港南疆 27 号通用码头工程的结构组成、受力特点进行分析，确定了天津港南疆 27 号通用码头结构健康监测系统的组成、监测指标、传感器和采集设备的选型、数据采集与传输方式，设计了基于 BIM 技术的数据显示与分析平台并进行详细介绍，具体如下：

①确定了天津港南疆 27 号通用码头结构健康监测指标，包括船舶撞击力、结构应变、桩基倾斜、结构动力特性、环境温度和钢筋混凝土构件耐久性。

②根据码头后期生产运营期的服役环境，选择采用光纤光栅类的传感器进行结构相关力学性能参数的监测，有效解决了电类传感器在海水中存活率低的问题。同时，采用阳极梯传感器实现钢筋混凝土锈蚀状态的预测，可监测氯离子在混凝土内部的侵蚀位置，实现钢筋混凝土构件全寿命周期耐久性能的监测。

③采用多台光纤光栅解调仪串联的方式，大幅提升了解调仪的通道数量，实现了大批量传感器的数据同步采集，建立了高效的大型高桩码头健康监测系统的数据采集子系统。

④监测系统通过 4G 网络将监测数据无线传输至远程服务器中，实现了采集数据的实时无线传输。

⑤基于 BIM 技术开发了运维平台，可实现监测数据管理、显示与分析以及三维可视化显示；并根据建立的评判准则，实现码头结构的三维可视化预警。

第6章 大型新建高桩码头健康监测系统实施

6.1 引 言

在实施高桩码头健康监测系统时,如何通过合理的安装方式保证传感器在工程施工过程中的成活率是整个系统建设的关键。第5章对天津港南疆27号通用码头的结构健康监测系统进行了分析设计,最终确定了整个健康监测系统的监测指标、监测位置、传感器与采集设备选型、监测系统组成等内容,监测指标包括船舶撞击力、结构应变(应力)、桩基变位(倾斜)、环境温度、结构整体动力特性和钢筋混凝土结构耐久性。由于天津港南疆27号通用码头为新建工程,为了采集上述监测指标,并保证传感器在码头建设过程具有一定的存活率,应根据相应监测指标的监测位置、现场施工条件并结合相应传感器技术特点,制订相应传感器的施工工法,确定施工流程。本章根据上述监测指标的各自特点,确定相应指标的测试方法、传感器安装方法、系统组网方法等内容。

6.2 船舶撞击力监测实施方法

随着船舶大型化,船舶对码头的撞击力不断加大,并且船舶靠泊时可能存在靠泊速度控制不当等因素,是否造成船舶撞击力超限不得而知;现有的船舶撞击力计算方法与实际船舶撞击力的差异不明确,且目前在码头护舷位置安装测试设备进行船舶撞击力监测的研究较少。因此,在码头护舷位置布设监测设备开展船舶撞击力的监测很有必要。当前对于船舶撞击力测试方面的研究多为试验性质,一般属于临时性测试,测试完成便马上拆除,并非长期连续监测,而且测试时一般独立安装测力装置,测力装置并不在码头护舷位置[19],这样导致测得的撞击力与实际靠泊状态不一致。而对于利用码头护舷测试船舶撞击力的研究,通过测试护舷的变形量,然后以护舷的性能曲线反算船舶撞击力的大小[20],这种测试做法不直接且精度低,不适合船舶撞击力的长期在线监测。因此,为了实现对天津港南疆27号通用码头船舶撞击力的监测,开展相关监测设备的开发及现场安装实施方法研究是非常有必要的,研究工作对提升港口码头健康监测技术水平提升有重要意义。

6.2.1 船舶撞击力监测方案设计

采用力传感器对船舶撞击力进行监测是一种最直接的手段。本工程开始初期,拟采用力传感器监测船舶撞击力,传感器安装在护舷与靠船构件中间,通过固定护舷的螺栓固定力传感器,每只护舷后侧安装 8 个力传感器(图 6-1)。但若采用这种方法,传感器安装后护舷将不与靠船构件直接接触,而是通过 8 个传感器的点接触与靠船构件连接,船舶撞击力将通过 8 个点接触的方式传递至靠船构建上。采用这种方法将大幅增加船舶撞击时护舷后部及靠船构件局部的压力,较易导致护舷和靠船构件的局压破坏,并且压力传感器的安装将使得护舷前端与其他结构段上的护舷前端不在同一平面上,导致船舶靠泊时安装力传感器位置的护舷先接触船体而产生局压,使船舶靠泊安全风险增大;同时,力传感器的安装会使得护舷与靠船构件连接的部位出现透空状态,导致船舶靠泊时护舷的安全风险加大。所以,该方法没有被采纳。

图 6-1 力传感器

为了实现船舶撞击力的监测,根据护舷的安装特点,采用光纤光栅应变传感器以间接的方式测试船舶撞击力的大小。测试方案大致是:在靠船构件上安装一块不锈钢悬臂钢板,光纤 Bragg 光栅应变传感器安装于钢板中部用于测定钢板受拉状态的应变,钢板的悬臂端通过一个不锈钢弹簧与防冲板连接,弹簧在整个测试过程均处于受拉状态;当船舶撞击时,护舷橡胶被压缩,此时弹簧收缩引起钢板的应变状态变化,根据护舷的抗压性能参数及钢板的应变变化量即可测定船舶撞击力的大小。传感器的安装示意图如图 6-2 所示。该测试方法在不改变护舷安装结构和不影响船舶靠泊安全的情况下实现了船舶撞击力的监测,设备安装简单、造价低、易维护,具有较高的推广应用价值。

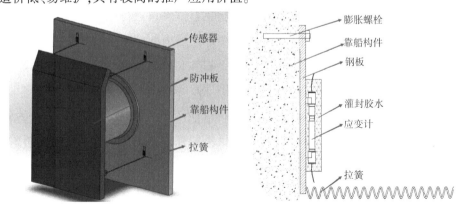

图 6-2 船舶撞击力监测设备安装示意图

6.2.2 测试原理

当船舶靠泊时,船舶撞击护舷将使得护舷发生变形,此时船舶撞击力传感器上的拉簧会随着护舷压缩变形而收缩。设船舶撞击护舷的撞击力为 N,橡胶的刚度系数为 k_f,则在撞击力 N 的作用下护舷的变形量 x 为:

$$x = \frac{N}{k_f} \tag{6-1}$$

此时,传感器上弹簧的变形量也为 x。设传感器弹簧的刚度系数为 k,则作用在传感器悬臂钢板上的力 ΔF 为:

$$\Delta F = kx = k\frac{N}{k_f} \tag{6-2}$$

若已知悬臂钢板的长度为 L,厚度为 h,弹性模量为 E,截面惯性矩为 I,则在 ΔF 作用下,钢板产生的应变 ε 为:

$$\varepsilon = \frac{\sigma}{E} = \frac{Mh}{2EI} = \frac{\Delta FLh}{2EI} = \frac{NkLh}{2EIk_f} \tag{6-3}$$

由此可得船舶撞击力 N 为:

$$N = \frac{2EIk_f \varepsilon}{Lhk} \tag{6-4}$$

由 SSP2000H 型橡胶护舷压缩的力学参数可知,护舷在压缩 52.8% 时的压力为 1781kN,由此计算可得,每压缩 1mm 需要的压力为 1.70kN,故 $k_f = 0.17$t/mm。设计传感器时,弹簧的刚度系数 k 已知,为 $k = 0.185$N/mm,且传感器中悬臂钢板的长度 l、厚度 h、弹性模量 E、截面惯性矩 I 均已知,应变 ε 可由监测设备测试得到,故最终确定传感器的灵敏度系数为 2.5kN/($\mu\varepsilon$),但在实际制作传感器时,由于不同传感器的材质特性存在细微差异,故每个传感器的灵敏度系数存在一定差异,以实际标定值为准。

6.2.3 船舶撞击力监测传感器的现场安装

根据上述的船舶撞击力监测方法及传感器测试原理,定制了相应的光纤光栅船舶撞击力监测传感器,传感器的外观如图 6-3 所示。

船舶撞击时,船身会以一定角度接触护舷,使护舷产生轴向和横向变形,即护舷产生弯曲变形,由此,护舷的位移量会一侧大、一侧小,这会使得在一侧测试得到的力的大小与实际不符。因此,为了获得准确的船舶撞击力,消除护舷偏心的影响,采用在护舷两侧分别安装传感器的方式进行船舶撞击力的监测,测试中取两只传感器的平均值即可得到船舶轴向撞击力的大小,传感器的实际安装方式如图6-4所示。

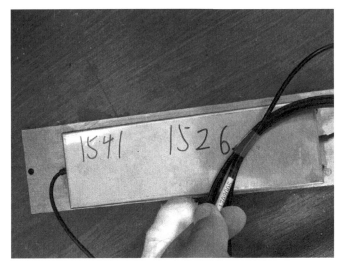

图6-3 船舶撞击力监测传感器外观

图6-4 船舶撞击力监测传感器的现场安装

6.3 结构应变(应力)监测实施方法

根据天津港南疆27号通用码头工程结构健康监测系统的设计方案可知,传感器与数据采集子系统中的监测指标包括构件应变。构件应变监测方案包括后承台桩基应变监测、前承台桩基应变监测、前承台横梁应变监测、前承台轨道梁应变监测、前承台面板应变监测。为了实现上述构件的应变监测,根据每种构件的结构特点,制定了相应传感器的安装布置方案及实施方法,确定了实施工艺,最终保证了传感器的成活率,为码头运营期的结构健康状态监测奠定了坚实的基础。

6.3.1 光纤光栅应变传感器的选择

根据工程经验,水环境下电阻式应变片的存活率较低。因此,本工程不采用电阻应变片作为桩基应变监测的传感器。振弦式应变计稍好于电阻式应变计,但振弦式应变计同样需要供电,且环境温度对测量结果影响较大,同样不宜采用。最终,本工程桩基应变监测的传感器采用基于光纤Bragg光栅的光纤光栅应变传感器。

光纤光栅应变传感器可在水环境中工作,无须供电,对水环境具有极强的适应性,这正是港口码头结构健康监测系统传感器所必须具备的基本特性。并且,光纤所用材质为玻璃纤维,不含金属成分,因而不必担心海水腐蚀造成其锈蚀;而且,随着生产工艺的发展,光缆及光栅的制作成本逐渐降低,光缆价格比普通电缆价格更具优势。

同时,一根光缆可以串联多个光纤光栅传感器(一般为6个左右),对码头结构健康监测系统的施工和运行极为有利。因为一般一个传统的电类传感器需要一根传输电缆连接到采集设备上,当监测中的测点较多时,不仅需要配备相应的传输电缆,而且采集设备应具备足够的通道数以满足测试的需要,这往往使得监测系统的建设成本较高;并且,当测点与监测设备控制箱的距离较远时,则必须配备足够长的电缆用于数据传输,这不仅会使监测系统的建设成本增加,而且传输距离过长时,电缆电阻会增大,电磁干扰程度加重,造成数据传输损耗加大;当传输电缆过长时,信号会被噪声淹没,严重影响监测结果。

采用光纤光栅应变传感器,多个传感器可以用一根单芯光缆连接到数据采集设备上,这不仅可使得监测系统建设成本降低,且光纤数据传输具有不受电磁干扰、长距离传输信号不衰减的特性,故监测数据的质量会大幅提高。因此,天津港南疆27号通用码头工程结构健康监测系统的应变监测传感器采用光纤光栅应变传感器是极为合适的。应变监测构件包含钢管桩,钢材的应变受环境温度影响较大,因此针对钢管桩应变监测的传感器采用低温敏的光纤光栅应变传感器。应变传感器的参数具体见表6-1,传感器的外观及配件如图6-5所示。

传感器参数表　　　　　　表6-1

传感器名称	量程	分辨率	工作温度	长度	直径
光纤光栅应变传感器	±2000$\mu\varepsilon$	1$\mu\varepsilon$	−20~80℃	65mm	5mm

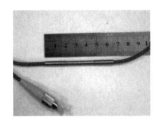  

a)光纤光栅应变传感器　　　　b)传感器安装支座　　　　c)光纤

图6-5　光纤光栅应变传感器及配件

6.3.2　钢筋混凝土预应力方桩应变传感器的安装实施

桩基是高桩码头结构的关键受力构件,桩基的破损或断裂极有可能导致码头的整体倒塌,造成重大人员伤亡和财产损失。基于对高桩码头结构的破坏机理分析和结构受力特征分析,应重点针对桩基安全状态进行监测。对于预应力空心方桩而言,混凝土开裂即可认为是桩基破坏。

因此,采用极限拉应变强度理论(第二强度理论),通过监测桩基关键位置的应变状态来反映桩基的安全状态。通常混凝土的极限抗压应变在2000$\mu\varepsilon$左右,极限抗拉应变在200$\mu\varepsilon$左右,在桩基的负弯矩区,混凝土的抗拉能力更为薄弱,因此,监测时应重点关注桩基关键区域的拉应变值。

天津港南疆27号通用码头工程第二结构段后承台由18个排架组成,每个排架的桩基部分由9根钢筋混凝土预应力方桩组成,方桩截面尺寸为650mm×650mm,每排排架的结构形式和尺寸相同。根据本项目结构健康监测的监测方案,后承台路侧纵向9根混凝土预应力空心方桩需安装光纤光栅应变监测传感器,9根桩基的位置如图6-6所示。根据监测要求,实现整个桩基纵向长度方向的应力状态监测,选择在方桩的桩头、桩尖及桩中间位置分别安装1个光纤光栅应变传感器,应变传感器的安装位置图如图6-7所示。

距桩顶2.0m的位置为桩基上部传感器的位置,此位置也是桩基倾角传感器的安装位置,倾角传感器的相关内容在下节中详细介绍。

第6章 大型新建高桩码头健康监测系统实施

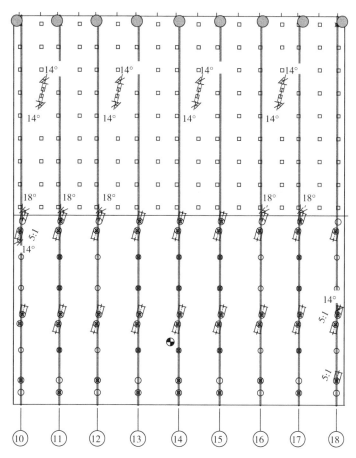

图 6-6 待监测的预应力空心方桩位置

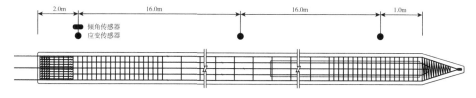

图 6-7 预应力空心方桩应变传感器布置位置

应变传感器采用的是光纤光栅应变传感器,因光纤光栅有其自身的特点,且传感器将安装在混凝土内部,所以应制订详细的安装工艺保证传感器的成活率。针对钢筋混凝土预应力空心方桩的光纤光栅应变传感器安装制订了相应的安装流程,其中在预制场的传感器安装流程如图6-8所示。

待预制场传感器安装完毕后,预制桩将被转运到施工现场进行打桩施工,施工完成后即可开展传感器光缆的串接、熔接及走线组网工作。钢筋混凝土预应力空心方桩的传感器安装流程大致为传感器的加工处理、传感器测试、传感器安装、传感器光缆的桩内部走线、光缆的绑扎、安装后的传感器测试、光缆的出线端保护、混凝土浇筑完成后的传感器性能复测、构件打桩完成后的光缆延长、整个光路的通路测试,共 10 个步骤。现场安装照片如图 6-9 所示。

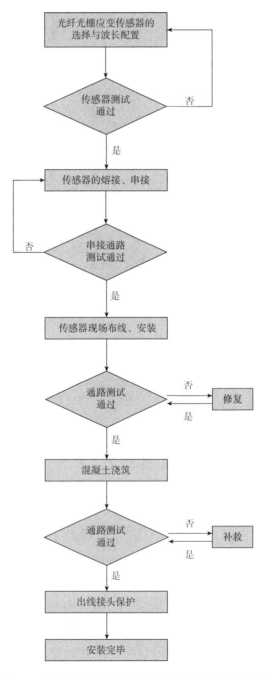

图 6-8 预应力方桩光纤光栅应变传感器安装流程图

第6章 大型新建高桩码头健康监测系统实施

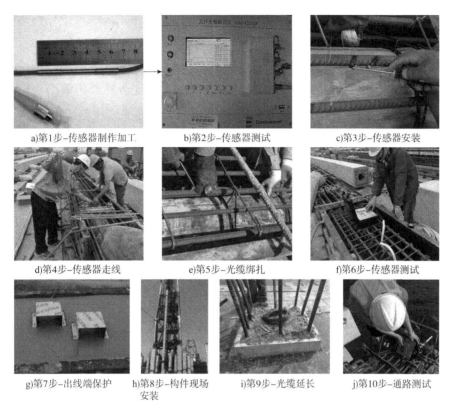

图6-9 预应力方桩光纤光栅应变传感器施工流程

结构表面的几何形状分为弧面和平面两种。若将传感器固定在构件表面上,需要借助不同的传感器夹持底座。在应变传感器安装时准备了两种夹持底座,一种为平底底座,一种为弧形底座,其结构示意图如图6-10所示。

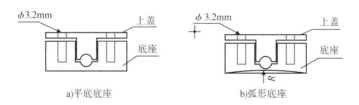

图6-10 夹持底座结构示意图

夹持底座采用性能良好的高标号不锈钢制成,以防底座在海水中锈蚀。夹持装置的上盖采用POM塑料制作。POM塑料是一种新型材料,具有自重轻、强度高、便于携带、耐磨性能好等特点,不易变形,不易磨损,还能保证加工精度,是制作夹持装置上盖的理想材料。由于桩基应变监测位置全部是方桩,故全部采用平底夹持装置安装应变传感器。

光纤光栅应变传感器同样需要安装支座固定,安装支座通过焊接或绑扎的方式固定在被测预应力混凝土方桩受力钢筋上。当混凝土浇筑完成后,按照钢筋混凝土构件的线性工作机制假定,受力时混凝土与钢筋协同工作,两者的受力应变一致,因此测得的钢筋应变即为构件的应变。绑扎方式也是同样的工作机制。

本工程中,设置传感器的预应力空心方桩共计9根,后期因截桩的原因损坏了3根,最终传感器完好的预应力方桩共计6根。方桩光纤光栅应变传感器的数据传输光缆接头端预留于排水沟后方的挡墙上部(图6-11),以备传感器整体光缆线路组网。

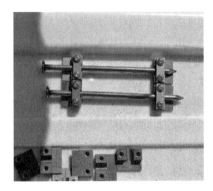

图6-11 预应力方桩光纤光栅应变传感器施工

码头结构健康监测中的传感器安装和线路敷设与陆地工程施工有所不同:海洋环境中的结构表面会生长如牡蛎等贝壳类海生物,造成传输信号衰减甚至光缆断裂;且海面会有较多固体漂浮物,对光纤会造成损害。因此,天津港南疆27号通用码头工程结构健康监测系统中应变传感器的传输光缆均采用直径3mm的铠装光缆进行敷设,可有效避免数据线路受到意外损坏。

应变传感器外壳均采用优质不锈钢材料制成,光缆走线均采取了必要的保护措施,可有效避免传感器和线路受到意外损坏。

在敷设传感光缆时,每个传感器两端均敷设一根信号光缆,用于各传感器之间的串联。当传感器一端的接头损坏时,还可以使用另一端的接头与数据传输光缆连接,可有效保证传感器的安装存活率。

在安装钢筋混凝土预应力方桩光纤光栅传感器时,一个关键步骤是传输光缆的敷设施工。光缆的缺点是不能像电缆一样90°弯折,当出现90°弯折时,光缆纤芯便会断裂,导致整根光缆失效;同时,光缆纤芯是一种细小的玻璃纤维结构,光在光纤内全反射传播,传输数据,若用力挤压光缆,纤芯截面会发生变形,导致传输信号衰减,影响数据。因此,如果牡蛎等贝壳类生物生于光缆上,将会严重影响信号传输。本工程使用了铠装光缆,有效提高了光缆的耐久性,可延长光缆的使用寿命。

6.3.3 钢管桩应变传感器的安装实施

天津港南疆27号通用码头结构健康监测系统的实施属于新建工程的监测系统实施,所

第6章 大型新建高桩码头健康监测系统实施

有传感器均是在构件预制过程中安装的,传感器均安装在构件内部。对于钢筋混凝土构件,传感器直接被浇筑于构件内部,只要在预制浇筑过程传感器完好,则浇筑后的混凝土将起到保护作用,在构件的现场施工过程中可以保护传感器不被破坏。对于钢管桩,传感器将被安装于内部管壁上,但钢管桩在打桩施工过程中,桩壁内外两侧均会受到土体的摩擦力,若传感器直接外露,在打桩过程中将直接被土体摩擦破坏;在钢管桩打桩完成后,还要在钢桩上部一定范围内进行混凝土灌芯,数据传输光缆的引出与保护工作存在一定困难,稍有不慎将造成光缆折断,导致整个钢管桩中的传感器失效;钢管桩打桩过程中的冲击力较大,打桩冲击对传感器的成活也有较大的威胁。因此,钢管桩光纤光栅应变传感器的安装、保护工作及保证传感器存活方面均有较大的挑战。

为了有效保护钢管桩中光纤光栅应变传感器,并提高后期施工过程中的传感器存活率,提出了相应的传感器安装保护方案,并对钢管桩桩端灌芯过程中的光缆引出与保护实施工作做出了预案。

安装钢管桩光纤光栅应变传感器时,由于传感器安装于钢管桩内部,为了对传感器进行有效的保护,采用在钢管桩内壁焊接钢槽的方式对传感器进行保护。钢槽采用两条角钢直接焊接于钢管桩内部,形成开口钢槽,待传感器在相应位置安装完成后,再采用一定宽度的钢板以焊接的方式将钢槽封闭。钢槽断面图如图 6-12 所示。

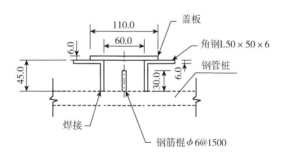

图 6-12　钢管桩传感器保护槽断面图(尺寸单位:mm)

施工时,3 个传感器通过光缆串接后满铺于整个钢槽内,分别布置于钢管桩的上、中、下位置。整条光缆长度约为 41m,由于光缆较长,考虑到打桩冲击可能使光缆从传感器中脱出,造成传感器损坏,因此,在钢槽中每隔 1.5m 焊接 1 根高度为 30mm 的钢筋棍,用于间隔固定数据传输光缆,光缆通过绑扎的方式固定于钢筋棍上。同时,为了进一步固定两个钢筋棍之间的光缆,施工前在钢槽盖板上每隔 1.0m 预留直径 14mm 的孔,待传感器和盖板施工完成后,通过预留孔将钢槽用发泡剂填实。钢槽的纵向立面图如图 6-13 所示。由此,整根光缆即被可靠地固定,有效防止了打桩过程中光缆振动导致的传感器损坏。

有了上述安全保护措施,便可进行钢管桩光线光栅应变传感器的安装及后期的光缆走线组网工作。钢管桩光纤光栅应变传感器的整个安装、布设流程具体为:首先进行传感器的室内制作、光纤熔接与传感器串接,待用于一根钢管桩的一组传感器制作完成后,便去现场进行传感器安装;现场施工中,首先在钢管桩中焊制好的钢槽内(钢管桩壁)确定好的位置处焊接传感器支座,然后将3个传感器分别安装于支座上,随后将光缆固定于等间隔的钢筋棍上,接着焊接钢槽的盖板、从预留孔中打发泡剂,最终将预留的光缆固定于桩顶预留的挂钩上。传感器安装如图 6-14 所示。

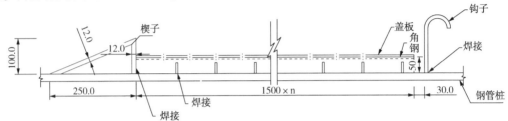

图 6-13 钢管桩传感器保护槽立面图(尺寸单位:mm)

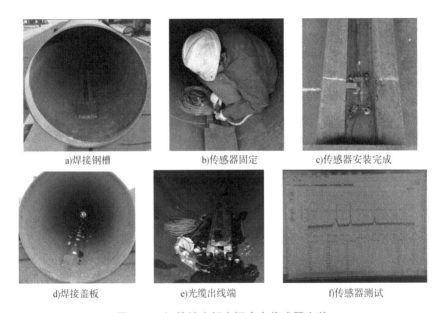

图 6-14 钢管桩光纤光栅应变传感器安装

待上述工作完成后,钢管桩即可运送到施工现场进行打桩施工。打桩完成后进行桩芯浇筑及桩帽模板支护。钢管桩施工流程如图 6-15 所示。

由于预留在桩顶端的光缆是裸露的,在浇筑桩芯时要对光缆进行有效的保护。因此,桩芯浇筑前,在钢管桩壁上焊接一根角钢保护光缆,角钢位置如图 6-16 所示。当光缆通过角钢引出到桩顶端后,放置 1 根直径 10mm 的钢管将光缆引到横梁上表面位置,钢管底端直接插入角钢,如图 6-17 所示。当光缆保护好后,便可进行钢管桩灌芯、浇筑桩帽、放置纵横梁及混凝土板的工作。其中,施工完成后的光缆最终位置如图 6-18 所示。在浇筑混凝土板缝

第6章 大型新建高桩码头健康监测系统实施

前,通过光缆熔接的方式延长数据传输光缆至后承台后方的线缆托架上,等待整体系统的线路组网工作。

a)打桩施工　　　　　　b)灌桩芯　　　　　　c)桩帽模板施工

图 6-15　钢管桩施工流程

图 6-16　角钢保护光缆　　　　　　图 6-17　钢管保护光缆

图 6-18　光缆的最终位置

6.3.4　钢筋混凝土横梁应变传感器的安装实施

高桩码头结构中,钢筋混凝土横梁主要承受面板及其上部荷载。从结构方面讲,该码头在一榀排架方向,各跨横梁属于连续梁。对于连续梁中的一跨,跨中多为受弯最不利位置。因此,天津港南疆27号通用码头结构健康监测系统中,所有横梁的光纤光栅应变传感器均布设于跨中底部位置,传感器测试敏感方向沿横梁纵向布置,传感器固定于横梁最下层纵筋上。

所有横梁的光纤光栅应变传感器均埋设于梁体内部,传感器安装均在预制构件厂完成。传感器的安装流程是:在横梁钢筋笼放置于预制槽并完成钢筋张拉后,将光纤光栅应变传感器安装于梁底部跨中纵筋上,并将信号传输光缆沿竖向钢筋引出到横梁上表面,并在横梁上表面预埋直径100mm、长度150mm的光缆保护管用于存放预留的光缆;上述工作完成后,浇筑混凝土,待横梁完成养护后运至施工现场进行安装,至纵横梁、面板安装完成后,将预埋在保护管中的光缆取出,通过熔接的方式将数据传输光缆延长,并沿着板缝的钢筋空隙将光缆引到后承台后方的线缆托架上等待系统线路整体组网工作。光缆在板缝中走线时,通过预埋线缆保护管的方式进行保护。传感器具体的安装过程如图6-19所示。

图6-19 横梁光线光栅传感器的安装

传感器安装完成后,进行混凝土浇筑;待混凝土养护完成后,运至施工现场进行梁体安装;待码头第二结构段所有横梁、纵梁、轨道梁及混凝土板安装完成后,进行所有传感器的串接、组网工作。传感器串联采用熔接的方式,通过光纤熔接将信号传输光缆引至后承台后方的线缆托架上,等待整个传感器子系统的组网。传感器安装、串接流程如图6-20所示。

图6-20 横梁光线光栅传感器的安装

6.3.5 钢筋混凝土轨道梁应变传感器的安装实施

高桩码头结构中,轨道梁主要承受门机荷载和面板及其上部荷载。相对于其他纵横梁,轨道梁所受荷载最大。轨道梁的使用安全性关系到码头作业生产的安全性,故其装卸作业状态下的应力状态应是高桩码头结构健康监测系统的监测指标之一。根据天津港南疆27号通用码头结构健康监测系统的设计方案,第二结构段的所有轨道梁跨中位置均布设光纤光栅应变传感器。

轨道梁的传感器安装方法与横梁应变传感器的安装基本相同。传感器的安装流程是:将纵梁钢筋笼放置于预制槽并完成钢筋张拉后,将光纤光栅应变传感器安装于梁底跨中纵筋上,将信号传输光缆沿竖向钢筋引出到纵梁须子筋顶端并将其固定于钢筋上,等待光缆延长;上述工作完成后,浇筑混凝土,待轨道梁完成养护后运至施工现场进行安装工作,至纵横梁、面板安装完成后,将预留在须子筋顶端的光缆取下,采用熔接的方式延长数据传输光缆,并沿着板缝的钢筋空隙将光缆引到后承台后方的线缆托架上,等待系统线路整体组网工作。光缆在板缝中走线时,通过预埋线缆保护管的方式进行保护。传感器的安装如图 6-21 所示。

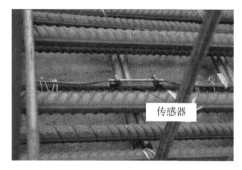 

图 6-21 轨道梁光纤光栅应变传感器安装

传感器安装完成后的串接、组网工作与横梁应变传感器完全一致,具体见前文。

6.3.6 钢筋混凝土面板应变传感器的安装实施

高桩码头结构中,面板主要承受码头上方的流动荷载及临时堆载。当上方荷载过大时,面板会出现开裂破坏,严重时会出现塌方,造成人员伤亡和财产损失。根据天津港南疆27号通用码头结构健康监测系统的设计方案,第二结构段对称轴两侧共计10块钢筋混凝土面板需布设光纤光栅应变传感器,由于面板的关键受力位置为中心位置,因此,面板的应变监测位置均选择在面板中心位置。

钢筋混凝土预应力板传感器安装方法与横梁应变传感器的安装方法基本相同。传感器的安装流程是:将混凝土面板的钢筋笼放置于预制槽并完成钢筋张拉后,将光纤光栅应变传感器安装于面板底部跨中的纵筋上,传感器方向沿码头纵向布置;将信号传输光缆沿纵向钢筋引出到面板侧表面,并在面板侧表面预埋直径 80mm、长度 150mm 的光缆保护管用于存放传感器预留的光缆,等待光缆延长组网;上述工作完成后,浇筑混凝土,待面板完成养护后运至施工现场进行安装工作;至纵横梁、面板安装完成后,将预埋在保护管中的光缆取出,通过熔接的方式将数据传输光缆延长,并沿着板缝的钢筋空隙将光缆引到后承台后方的线缆托架上,等待系统线路整体组网工作。光缆在板缝中走线时,采用预埋线缆保护管的方式进行保护。传感器的安装如图 6-22 所示。

图 6-22　钢筋混凝土面板光纤光栅应变传感器安装

传感器安装完成后的串接、组网工作与横梁应变传感器完全一致,这里不再赘述。

6.4　桩基变位(倾斜)监测实施方法

根据天津港南疆 27 号通用码头工程结构健康监测系统的设计方案,构件倾斜监测方案包括后承台钢筋混凝土预应力方桩的倾斜监测、前承台钢管桩的倾斜监测。为了实现上述构件桩基的倾斜监测,根据两种桩型(预应力混凝土方桩和钢管桩)的结构特点,制订了相应传感器的安装布置方案及实施方法,确定了实施工艺,最终保证了传感器的成活率,为码头运营期的结构健康状态监测奠定了坚实基础。

6.4.1　钢管桩倾角传感器的安装实施

钢管桩倾角传感器与位于其上的应变传感器同步安装,安装于钢管桩顶端。对于高桩码头结构,船舶撞击、岸坡蠕变侧移导致的码头结构主要受力方向为垂直于岸线方向,因此,桩基的潜在倾斜方向是垂直岸线方向。所以,钢管桩倾角传感器的敏感测量方向为垂直岸线方向,安装传感器时按照此方向进行。

钢管桩的倾斜监测采用的是光纤光栅倾角传感器。通过焊接的方式将传感器固定于钢管桩侧壁上。传感器的安装流程是:将光纤光栅倾角传感器放置于专用保护壳内,保护壳两端预留焊接肢,然后将装有传感器的保护壳通过焊接的方式固定于钢管桩内壁上,在传感器的下方焊接一短肢角钢以防止传感器在打桩过程中脱落;为了固定传感器的预留光缆,在传

第6章 大型新建高桩码头健康监测系统实施

感器旁边焊接一个钢制挂钩,将预留光缆固定于挂钩上,等待光缆延长组网;上述工作完成后,将钢管桩运至施工现场进行打桩施工;待打桩完成后,将预留的光缆取出,延伸至桩帽以上位置,然后通过熔接的方式将数据传输光缆延长,并沿着板缝的钢筋空隙将光缆引到后承台后方的线缆托架上,等待系统线路整体组网工作,光缆在板缝中走线时采用预埋线缆保护管的方式进行保护。传感器的安装如图 6-23 所示。

图 6-23 钢管桩光纤光栅倾角传感器安装

6.4.2 钢筋混凝土预应力方桩倾角传感器的安装实施

混凝土预应力方桩倾角传感器与其上的应变传感器同步安装,安装位置与方桩上端的应变传感器位置一致。对于高桩码头结构,船舶撞击、岸坡蠕变侧移导致的码头结构主要受力方向为垂直岸线方向,因此,桩基的潜在倾斜方向是垂直岸线方向。所以,后承台预应力方桩倾角传感器的敏感测量方向为垂直岸线方向,安装传感器时按照此方向进行。

混凝土预应力方桩的倾斜监测采用的是光纤光栅倾角传感器。传感器安装于桩基内部的钢筋上,然后浇筑混凝土将传感器封存于方桩内部。传感器的安装流程是:将光纤光栅倾角传感器通过钢丝绑扎的方式固定于方桩纵筋上,固定传感器时采用水准尺控制其水平度,以保证倾角测试数据精确性;传感器预留了一定长度的光缆并引出至方桩外表面,以备后期的系统组网;为了保护传感器的预留光缆,预留光缆通过预埋保护管的方式引出至方桩外表面,并且在出缆端安装保护钢壳,以确保在桩基运输及打桩过程预留光缆不被破坏;上述工作完成后,将混凝土方桩运至施工现场进行打桩施工,待打桩完成后,将预留的光缆取出,延伸至桩帽以上位置,然后通过熔接的方式将数据传输光缆延长,并沿着板缝的钢筋空隙将光缆引到后承台后方的线缆托架上,等待系统线路整体组网工作,光缆在板缝中走线时采用预埋线缆保护管的方式进行保护。传感器的安装如图 6-24 所示。

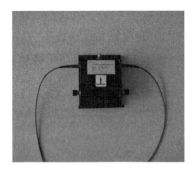

图 6-24 钢筋混凝土预应力方桩光纤光栅倾角传感器安装

6.5 环境温度监测实施方法

结构材料在环境温度影响下会发生温度变形,由此会产生温度应变。在高桩码头应变、变形监测过程中,为了获取荷载作用引起的构件应变,应剔除温度引起的应变值,因此,码头结构的服役环境温度应是监测系统的一个监测指标。根据天津港南疆27号通用码头结构健康监测系统的设计方案,第二结构段前承台海侧和岸侧共计18个钢筋混凝土横梁位置需布设光纤光栅温度传感器。根据施工条件,温度传感器均安装在横梁跨中的位置,与相应构件的应变传感器一致。

钢筋混凝土横梁的光纤光栅温度传感器的安装方法与横梁应变传感器的安装方法基本相同。传感器的安装流程是:将混凝土面板的钢筋笼放置于预制槽并完成钢筋张拉后,将光纤光栅温度传感器安装于横梁底部跨中的纵筋上;将信号传输光缆沿纵向钢筋引出到横梁上表面,并在横梁上表面预埋直径100mm、长度150mm的光缆保护管用于存放预留的光缆,待光缆延长组网;上述工作完成后,浇筑混凝土,待横梁养护完成后运至施工现场进行安装,至纵横梁、面板安装完成后,将预埋在保护管中的光缆取出,通过熔接的方式将数据传输光缆延长,并沿着板缝的钢筋空隙将光缆引到后承台后方的线缆托架上,等待系统线路整体组网工作,光缆在板缝中走线时通过预埋线缆保护管的方式进行保护。传感器的安装过程如

图 6-25 所示。

图 6-25　钢筋混凝土横梁中光纤光栅温度传感器安装

传感器安装完成后的串接、组网工作与横梁应变传感器完全一致,这里不再赘述。

6.6　结构整体动力特性监测实施方法

根据天津港南疆 27 号通用码头工程结构健康监测系统的设计方案,传感器与数据采集子系统中的监测指标包括结构整体动力特性。结构的整体动力特性参数是评价结构运行状态的重要参考指标,结构的质量、刚度与阻尼的变化可反映结构健康状态的变化,通过测试结构固有频率、振型及阻尼比等参数的变化,可反映结构质量、刚度及阻尼比的变化,进而评估结构的健康状态。

为了实现结构的整体动力特性监测,根据天津港南疆 27 号通用码头工程的结构特点,选择对结构的振动幅值、固有频率及扭转频率进行监测。制订了相应传感器的安装布置方案及实施方法,确定了实施工艺,最终保证了传感器的成活率,为码头运营期的结构健康状态监测奠定了坚实基础。

结构振动特性监测的传感器采用光纤光栅加速度传感器,传感器安装于横梁内部,在横梁预制过程中完成安装,并浇筑于混凝土内部。传感器的安装流程是:将光纤光栅加速度传感器通过钢丝绑扎的方式固定于横梁上表面纵筋上,固定传感器时采用水准尺控制其水平度,以保证加速度测试数据的精确性;传感器预留了一定长度的光缆并引出至横梁上表面,以备后期的系统组网;为了对预留光缆进行保护,横梁上表面预埋直径 100mm、长度 150mm 的光缆保护管用于存放预留的光缆;待横梁养护完成后,运至施工现场进行安装工作,至纵横梁、面板安装完成后,将预埋在保护管中的光缆取出,通过熔接的方式将数据传输光缆延长,并沿着板缝的钢筋空隙将光缆引到后承台后方的线缆托架上,等待系统线路整体组网工作,光缆在板缝中走线时通过预埋线缆保护管的方式进行保护。传感器的安装如图 6-26 所示。

图 6-26 光纤光栅加速度传感器安装

6.7 钢筋混凝土结构耐久性监测实施方法

近年来,服役于海洋环境的钢筋混凝土结构越来越多要求具有100年或者更长使用寿命,如港珠澳大桥、埃及塞得东港集装箱码头二期工程,设计使用寿命均为100年。但由于结构服役的海洋环境(尤其是离岸深水环境)复杂恶劣,结构耐久性控制难度大,疲劳、腐蚀、老化等问题频出,因氯离子侵蚀导致的钢筋锈蚀、混凝土开裂现象普遍存在,已成为港工结构的顽疾。为了达到结构的设计使用寿命,对钢筋混凝土结构的耐久性提出了更高的要求。

目前,结构设计中常采用高性能混凝土,并配合硅烷浸渍、阴极保护等附加防腐蚀措施以有效提升钢筋混凝土结构的耐久性。但由于结构的实际耐久性与设计可能存在偏差,因此,为确保结构的设计使用寿命,通常的做法是进行耐久性设计与再设计,即在使用过程中及时获取混凝土结构的耐久性信息,不满足设计要求时可及时采取补救措施。实现这一过程的关键步骤是通过长期的混凝土结构耐久性监测获取结构的实际耐久性信息,基于监测数据可有针对性地采取提高结构耐久性的措施。因此,为了保障港工结构的设计使用寿命,在新建工程中预埋耐久性监测系统,长期监测结构的耐久性状态是很有必要的。混凝土耐久性监测系统不仅可以监测结构的耐久性状态,而且可以预测混凝土中钢筋的锈蚀起始时间。

6.7.1 耐久性监测传感器及其工作原理

由于港口码头结构服役于盐度高、湿度大、腐蚀性强的海水环境,为了监测码头结构在生产运营过程中的耐久性状态,工程中可采用传统的预埋式二氧化锰参比电极方式对钢筋的锈蚀状态进行观测,也可使用阳极梯系统这种新型的耐久性监测系统对港口码头结构的耐久性状态进行监测,并可预测混凝土中钢筋的锈蚀起始时间。天津港南疆27号通用码头工程采用阳极梯传感器进行结构的耐久性监测。

一般混凝土内部的钢筋具有良好的抗锈蚀性能,主要是由于混凝土内部属于高碱性环境,钢筋在此环境下表面会形成钝化膜,保护钢筋免遭腐蚀。但当钢筋混凝土结构服役于海洋环境时,氯离子通过扩散作用从混凝土表面往内部渗透,当钢筋表面的氯离子浓度超过临界氯离子浓度时,钢筋将由钝化态转变为活化态(即脱钝)。若活化态的钢筋周围存在水和氧气,钢筋就会发生锈蚀,钢筋锈蚀后形成的铁离子易与氯离子结合形成易溶于水的$FeCl_2$,起到搬运铁离子的作用,造成了阳极去极化作用,加速了钢筋的阳极过程,使得钢筋锈蚀逐渐加重,最终膨胀,导致混凝土开裂、脱落。由此可见,钢筋的锈蚀主要是氯离子等有害物质渗入混凝土内部造成的。如果可以及时掌握氯离子在混凝土内部的渗透状态,如确定临界氯离子浓度锋线的位置及其移动速度,便可预测混凝土内部钢筋发生锈蚀的时间。对于服役于富含氯离子的海洋环境中的混凝土结构,钢筋脱钝锋线即临界氯离子浓度锋线。阳极梯传感器是一种可确定脱钝锋线位置的耐久性传感器,对于监测沿海高桩码头结构的耐久性状态、预测混凝土内部钢筋的锈蚀时间是非常有效的。

用于天津港南疆27号通用码头工程结构耐久性监测的阳极梯传感器为德国生产,服役寿命可达100年。整个阳极梯传感器测试系统主要包括预埋在混凝土中的传感器、测量电缆、终端测试盒及采集耐久性数据的专用读数仪,其中传感器由阳极梯、阴极、参比电极、钢筋连接棒、温度探头等组成。传感器及数据采集仪分别如图6-27和图6-28所示。阳极梯共有6根由普通碳钢制成的阳极,分别为$A_1,A_2,\cdots,A_6$。各阳极固定在不锈钢支架上,形成梯子状,各阳极与支架电绝缘,支架一端有一不锈钢固定条,以两个螺栓与支架相连。阳极梯安装在钢筋笼的外侧,即混凝土保护层范围内。通过调整螺栓可使阳极梯倾斜不同角度,使6根阳极埋设在混凝土保护层的不同深度内,通过测量不同位置处阳极的电化学反应状态即可判定混凝土氯离子的侵蚀位置,由此可预测钢筋的锈蚀时间。

阳极的主要作用是确定脱钝锋线的位置。阴极由惰性金属制成,是测量过程中的辅助装置。本项目的阳极梯中,阴极由镀铂的钛棒制成。在监测过程中,阴极将与阳极或钢筋连接,构成腐蚀电池。此外,阳极梯系统内还配备温度探头,可测量其所在区域的温度。阳极梯传感器通过测量电缆与终端测试盒相连,将数据采集仪连接到终端盒便可实现数据的采集与存储。埋设于混凝土中的阳极梯的阳极同样具有钝化或活化两种状态。在混凝土浇筑后,阳极会逐渐变为钝化态。随着氯离子的渗透,临界氯离子浓度锋线以一定规律从混凝土表面向内部移动。在这过程中,6根被置于混凝土保护层不同深度中的阳极,会由外往内一根一根地从钝化状态变成活化状态。

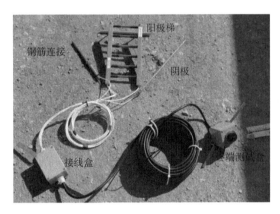

图6-27 阳极梯传感器组成

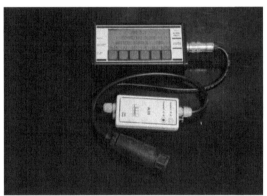

图6-28 阳极梯传感器数据采集仪

测量由阳极与阴极构成的腐蚀电池的电化学参数(包括电位以及电流),可判断阳极是处于钝化状态还是活化状态,从而确定临界氯离子浓度锋线在混凝土中的位置。进一步描绘出临界氯离子浓度锋线位置与时间的关系,可得到临界氯离子浓度锋线移动的速度,进而预测其抵达钢筋表面的时间。同样地,通过测量钢筋连接与阴极组成的腐蚀电池电化学参数可得知钢筋的锈蚀状态,实现对混凝土内钢筋锈蚀状态的监测。除电位以及短路电流电化学参数外,阳极梯系统还能实现两相邻阳极之间交流阻抗值的测量。由于各阳极的暴露面积以及相邻阳极之间距离都一致,该阻抗值可反映混凝土电阻率。

6.7.2 耐久性监测传感器安装方法

根据阳极梯传感器的结构特征,阳极梯传感器的安装步骤如下:

①阳极传感器到货后,现场将其安装于结构构件的钢筋笼上,安装位置如图6-29和图6-30所示。

②通过旋转调节螺栓高度,保证阳极梯(AL)独立阳极棒 A_1(最上端的)到达指定高度,即 A_1 上表面离监测混凝土外表面 10~15mm,离主筋 30~35mm,如图6-31所示。然后,固定调节螺栓,使用塑料扎带固定支架钢棒,并使用绝缘条保证钢棒与固定钢筋之间的绝缘。固定阳极梯 A_6 端,可以使 A_6 的绝缘带直接与钢筋接触,并用塑料扎带固定。若固定端无绝缘

第6章 大型新建高桩码头健康监测系统实施

带,需垫塑料绝缘条隔离。

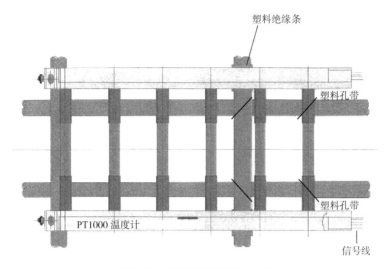

图 6-29 阳极梯安装平面总图

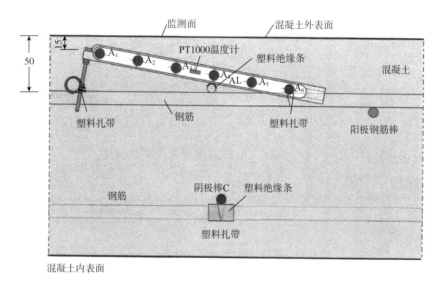

图 6-30 阳极梯安装总图(尺寸单位:mm)

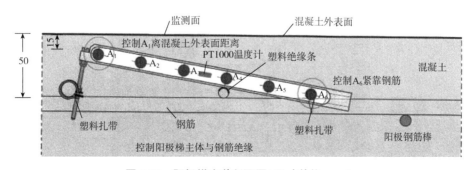

图 6-31 阳极梯安装剖面图(尺寸单位:mm)

图6-32 阳极梯与钢筋之间的绝缘措施

③阳极梯固定后,采用万用表等设备检查阳极梯的主体与钢筋网之间是否完全绝缘,并检查固定是否牢固,必要时增加塑料扎带固定紧,如图6-32所示。

④移除阴极棒(C)上的保护网,将阴极棒安装于钢筋笼外侧,并采用绝缘条隔离、塑料扎带固定,保证阴极棒与钢筋网之间的完全绝缘,并确认阴极棒不能移动,具体安装方式如图6-33和图6-34所示。由于阳极梯安装在码头上部混凝土结构构件内部,构件位置均处于浪溅区,基本可以认为阳极梯工作时处于半饱和的结构体中。因此,将阴极棒安装于钢筋笼外侧,可保证阴极棒能够获得足够的接触空气的机会。

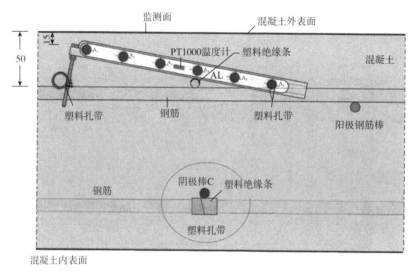

图6-33 固定阴极棒(C)(尺寸单位:mm)

图6-34 阴极棒与钢筋间固定绝缘措施

第6章 大型新建高桩码头健康监测系统实施

⑤在阳极梯附近钢筋的内侧固定阳极钢筋棒(CR),并保证阳极钢筋棒与钢筋网紧密接触,可以通过焊接或金属丝绑扎的方式固定,固定两点,确认阳极钢筋棒不能移动,且确认阳极钢筋棒与钢筋网紧密接触。阳极钢筋棒的安装示意图见图6-35 现场安装见图6-36。

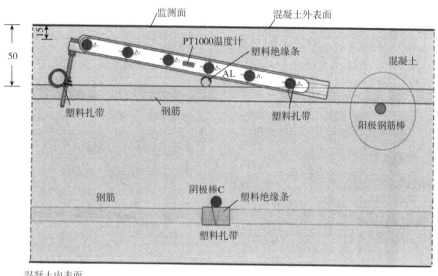

图6-35 固定阳极钢筋棒(尺寸单位:mm)

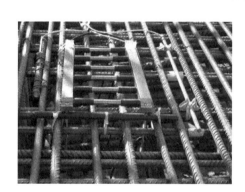 

图6-36 阳极梯各部件安装位置

⑥固定各条线缆,必须保证线缆紧贴钢筋绑扎,以减轻浇筑混凝土时对线缆的破坏。然后,将线缆引至混凝土面层表面,线缆终端为后期采集用的终端盒(图6-37)。终端盒固定于码头面层混凝土内,且用不锈钢保护壳进行保护,避免后期码头运营时终端盒被码头作业车辆破坏,如图6-38所示。

当阳极梯传感器安装完成后,便可进行混凝土的浇筑工作。浇捣混凝土时,施工人员应注意不要在传感器的位置直接倾倒混凝土,且振捣棒不能碰触传感器。当混凝土初凝后,应进行一次传感器完好性测试,确保设备完好。传感器的安装位置如图6-39所示。

图 6-37 阳极梯传感器及终端盒

图 6-38 终端盒保护

图 6-39 平面安装位置参考示意图

6.7.3 数据采集方式

钢筋混凝土结构耐久性破坏是一个缓慢的过程,因此,阳极梯传感器的数据采集采用定期人工测试的方式。使用专用的数据采集器采集阳极梯传感器的数据,传感器自带读数插座,数据采集器直接对接传感器插座即可进行数据采集。

第6章 大型新建高桩码头健康监测系统实施

根据阳极梯传感器的结构特征,整个阳极梯传感器相当于9个传感器,分别为独立阳极 A_1~A_6、阴极棒C、阳极钢筋棒CR和温度传感器PT1000。为了保证阳极梯传感器的性能正常,在传感器预埋安装前后需做传感器连通测试,以判断设备安装是否正确。可以分别量测传感器两端线缆,测读电阻来判断传感器是否正常。本项目采用的阳极梯传感器带有参比电极,加之传感器的基础部分,共有17(12+1+1+2+1)根电缆汇总到传感器终端盒中,每根电缆对应一个接线探针,供与数据采集仪连接测试。其中,阳极梯的6个阳极两端分别引出1根电缆,形成了传感器的冗余电缆设计,以防止1根电缆损坏造成整个传感器失效,大幅提高了阳极梯传感器的安装成活率。传感器的终端接头共有17个探针,其外边如图6-40所示,每个探针代表的测试物理量见表6-2。

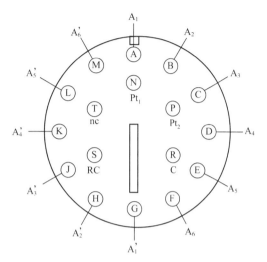

图6-40 终端盒接线柱针脚布置图

连通测试对应端子 表6-2

序号	传感器	物理量	测试方法	测试结果
1	A_1	阳极	接线柱A、G测电阻	连通/未连通
2	A_2	阳极	接线柱B、H测电阻	连通/未连通
3	A_3	阳极	接线柱C、J测电阻	连通/未连通
4	A_4	阳极	接线柱D、K测电阻	连通/未连通
5	A_5	阳极	接线柱E、L测电阻	连通/未连通
6	A_6	阳极	接线柱F、M测电阻	连通/未连通
7	C	阴极	接线柱R、T测电阻	连通/未连通
8	CR	钢筋阳极	接线柱S、T测电阻	连通/未连通
9	PT	温度	接线柱N、P测电阻	连通/未连通

当完成阳极梯传感器连通测试后,即可进行构件的浇筑、养护和现场安装。待条件允许时,即可进行监测数据的测试。测试的物理量包括阳极棒与阴极之间的电压、电流、电阻值,构件钢筋与阴极之间的电压、电流、电阻值以及环境温度,共计21个测试物理量,测试的物理量见表6-3~表6-5。

阳极梯传感器数据采集仪采用专用采集设备采集数据。如果不具备专用数据采集仪,以上物理量数值可直接用万用表读取,其中温度值可以读取电阻值后换算得到。

阳极梯传感器电压值测试对应端子 表6-3

序 号	监 测 值	单 位	说 明
1	$U_1(A_1—C)$	mV	A_1 与 C 之间的电压
2	$U_2(A_2—C)$	mV	A_2 与 C 之间的电压
3	$U_3(A_3—C)$	mV	A_3 与 C 之间的电压
4	$U_4(A_4—C)$	mV	A_4 与 C 之间的电压
5	$U_5(A_5—C)$	mV	A_5 与 C 之间的电压
6	$U_6(A_6—C)$	mV	A_6 与 C 之间的电压
7	$U_7(CR—C)$	mV	CR 与 C 之间的电压

阳极梯传感器电流值测试对应端子 表6-4

序 号	监 测 值	单 位	说 明
1	$I_1(A_1—C)$	μA	A_1 与 C 之间的电流
2	$I_2(A_2—C)$	μA	A_2 与 C 之间的电流
3	$I_3(A_3—C)$	μA	A_3 与 C 之间的电流
4	$I_4(A_4—C)$	μA	A_4 与 C 之间的电流
5	$I_5(A_5—C)$	μA	A_5 与 C 之间的电流
6	$I_6(A_6—C)$	μA	A_6 与 C 之间的电流
7	$I_7(CR—C)$	μA	CR 与 C 之间的电流

阳极梯传感器电阻值测试对应端子 表6-5

序 号	监 测 值	单 位	说 明
1	$R_1(A_1—A_2)$	Ω	A_1 与 A_2 之间的电阻
2	$R_2(A_2—A_3)$	Ω	A_2 与 A_3 之间的电阻
3	$R_3(A_3—A_4)$	Ω	A_3 与 A4 之间的电阻
4	$R_4(A_4—A_5)$	Ω	A_4 与 A_5 之间的电阻
5	$R_5(A_5—A_6)$	Ω	A_5 与 A_6 之间的电阻
6	$R_6(A_6—CR)$	Ω	A_6 与 CR 之间的电阻
7	Temp	℃	PT1000 温度值

经过大量的实验室实验及现场应用,混凝土内部钢筋的去钝化极限值(警告值)为:

①测试后 5s 的电流<15μA(24h 长期测量电流<1μA)时,表示无腐蚀。

②测试后 5s 的电流>15μA(24h 长期测量电流>>1μA)时,表示钢筋去钝化。

6.7.4 阳极梯传感器的现场安装

天津港南疆 27 号通用码头工程结构耐久性监测的阳极梯传感器主要布置在后承台的横梁和前承台轨道梁的位置上,传感器安装在梁的侧面靠梁底部位置的混凝土保护层中,其位置均处于码头的浪溅区。根据上述传感器的安装方法,在后承台的 1 个横梁位置及前承

第6章 大型新建高桩码头健康监测系统实施

台的1个横梁和1个轨道梁分别安装了1个阳极梯传感器。传感器首先在构件预制场进行安装预埋,待安装完成后浇筑混凝土,等构件养护完成运送至码头现场进行构件安装,待码头所有构件安装完成,在制作码头面层过程中将传感器终端盒预埋在混凝土中,并用不锈钢保护壳对终端盒进行保护,保护钢壳表面与面层上表面平行。打开保护壳上盖后即可看到传感器终端盒,拧开终端盒保护盖即可进行数据采集。传感器安装、保护及现场数据采集如图6-41所示。

图6-41 阳极梯传感器的安装过程

6.8 健康监测系统现场组网实施方法

健康监测系统现场组网是传感器系统经传输介质汇入监测设备的过程,主要涉及的工作包括各个构件上传感器的数据传输光缆延长、同类传感器之间的光路串联、各传感器的光路与系统主光缆的熔接、主光缆进入光纤配线架的熔接、光纤配线架与光纤光栅解调仪之间的连接等工作。

当安装了传感器的各构件施工完成后,便可进行整个传感器子系统的现场组网工作。首先,将传感器预留的传输光缆从保护壳中取出,待光缆的熔接延长处理;然后,准备延长的光缆,并将其通过预埋的保护管引至后承台的线缆托架上,待与系统的主光缆连接。所有传感器的数据传输光缆均从板缝的钢筋中穿过,并采用塑料保护管进行保护,传感器与延长光缆的连接均采用熔接的方式。施工过程如图 6-42 所示。

a)传感器的预留光缆

b)光缆取出,待熔接

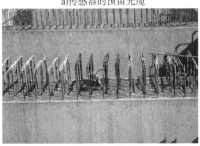
c)光缆取出,待延长

d)现场准备光缆

e)现场布设延长光缆

f)光缆通过保护管走线

图 6-42

第6章 大型新建高桩码头健康监测系统实施

g)现场布置光缆保护管

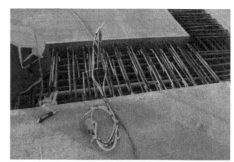
h)耐久性传感器的引出

i)光缆熔接处理

j)现场光缆熔接

图 6-42 监测系统现场组网

当完成所有传感器的数据传输光缆延长后,在保护管的有效保护之下,施工方向板缝浇筑混凝土,完成码头构件之间的节点施工。完成上述工作后,开展传感器之间的串接工作,以节省数据采集设备的通道数,降低监测施工成本。传感器之间的串接采用熔接的方式,所有熔接接头统一放置于接续盒中,方便后期的系统维护检修,如图6-43所示。

图 6-43 传感器串联的连接方式

当对适合串联的传感器完成串联工作后,便可开展传感器与主光缆的连接工作。串接好的传感器各光缆同样通过熔接的方式进行连接,所有连接接头放置于48芯的光纤接续盒中。熔接完成后,将所有传感器的数据传输光缆汇总到两根48芯光缆中,然后将主光缆沿着线缆托架引至东引桥端部的监控室中,如图6-44所示。

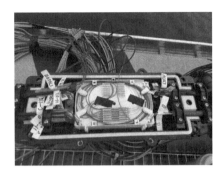

图 6-44 主光缆的连接与走线

当两个 48 芯光缆引至监控室中后,便可开展主光缆与光纤配线架的连接工作。连接同样采用光纤熔接的方式。熔接并安装完成后便可实现传感器与数据采集设备的连接,两者间采用光纤跳线连接。当光纤配线架所有通道连接到光纤光栅解调仪上后,便可开展监测数据的采集工作(图 6-45),即整个监测系统开始运营,实现码头结构的安全监测与预警,为码头的安全运营生产保驾护航。

图 6-45 监控室内部的光缆的组网与数据采集

第6章 大型新建高桩码头健康监测系统实施

6.9 本章小结

本章根据天津港南疆 27 号通用码头工程结构健康监测系统的设计方案,针对健康监测系统中涉及的监测指标,现场实施了监测传感器的安装、调试、系统组网等工作,实现了结构各项监测指标的数据采集,具体工作如下:

①设计了码头船舶撞击力监测的传感器实施方案,并进行了传感器的现场安装实施,可有效实现码头结构船舶撞击力的实时监测。

②根据监测方案,针对预应力方桩、钢管桩、混凝土横梁、轨道梁及面板等构件的应变状态监测,现场安装了相应的光纤光栅应变传感器,对每种结构构件的光纤光栅应变传感器的安装方法进行了总结,提出了每种结构构件相应应变传感器的施工工艺。

③根据监测方案,针对倾斜状态监测,现场安装了相应的光纤光栅倾角传感器,并提出了每种结构构件相应倾角传感器的施工工艺。

④根据监测方案,针对码头结构整体震动特性监测,现场安装了相应的光纤光栅加速度传感器,并对光纤光栅加速度传感器的安装方法进行了总结,提出了光纤光栅加速度传感器的施工工艺。

⑤介绍码头结构耐久性监测所采用的阳极梯传感器的原理。针对码头结构耐久性监测,现场安装了阳极梯传感器,并对阳极梯传感器的安装方法进行了总结,提出了阳极梯传感器的安装施工工艺。

⑥根据监测方案,针对码头结构环境温度监测,现场安装了光纤光栅温度传感器,并对光纤光栅温度传感器的安装方法进行了总结,提出了光纤光栅温度传感器的安装施工工艺。

⑦根据监测传感器的安装位置,现场实施各个光纤光栅类传感器的串接、系统组网工作。基于光纤熔接方式,实现了各传感器的串接工作。又通过光纤熔接的方式,实现了各个传感器通过多芯主光缆连接至现场采集设备,实现了各个传感器的数据采集,为码头结构的安全状态监测及灾变预警奠定了基础。

第7章 健康监测技术的其他工程应用案例

7.1 引　　言

结构健康监测技术已在多个领域得到了应用,如建筑、桥梁、市政等领域,而在港口工程结构领域应用较少。本项目吐故纳新,将"互联网+光纤传感技术+BIM信息化技术"与传统结构健康监测技术有机融合,形成了一套适于水工结构的健康监测技术,即基于"互联网+光纤传感技术(光纤光栅式和分布式)+BIM模型三维信息显示技术"的结构健康监测技术,该技术是目前水运工程领域重点发展的方向之一。

基于光纤传感技术的结构健康监测技术已在全国多个地区的多个港口工程项目中得到了应用,如天津港、大连港、日照港、三亚地区等,为水运工程结构健康监测技术水平的提升探索了一条新的道路。

同时,上述健康监测技术除应用在了天津港南疆27号通用码头工程外,在天津港22~24号泊位码头改造后的运作安全监测、日照港石臼港区的开孔沉箱波压力监测、三亚凤凰岛邮轮母港大体积混凝土温度及应力监测方面也已得到成功应用,项目均取得了良好的效果,提升了监测技术水平,得到了业主的一致好评。

7.2　在役高桩码头结构健康监测系统

7.2.1　工程概况

本项目依托工程为天津港五公司22~24号泊位码头结构健康监测与数据处理工程。

天津港五公司22~24号泊位码头位于天津港三突堤西侧,南北向布置,北侧与21号泊位的无梁板区相接,南面至三突堤堤头,全长530m,承台总宽40.8m,设计高程为+5.8m(天津港理论深度基准面),为3个万吨级泊位。该码头始建于20世纪70年代末,1980年12月竣工,现归天津港第五港埠有限公司使用管理。

图7-1~图7-3分别为天津港22~24号码头位置、无人机拍摄的码头全景及实景。

第7章 健康监测技术的其他工程应用案例

图 7-1 天津港 22~24 号码头位置

图 7-2 无人机拍摄的天津港 22~24 号码头全景

天津港 22~24 号泊位码头于 2000 年进行了改造,在原高桩码头前承台前方新建了前承台结构,以提高码头的靠泊能力。改造后的码头仍属于高桩码头结构,前方承台为梁板式桩台结构,由面板、横梁、轨道梁、桩帽、桩、靠船构件等构成。各构件安装就位后,各连接节点采用现浇混凝土浇筑,以保证构件连接的可靠性。

图 7-3 天津港 22~24 号码头实景

码头前方承台标准结构段长 59.5m,排架间距 7.0m,共有 9 个排架,码头断面如图 7-4 所示。其中,叉桩与直桩均采用截面尺寸为 650mm×650mm 的预应力混凝土空心方桩,桩体均采用 C50 混凝土预制,其他构件均采用 C45 混凝土制作。

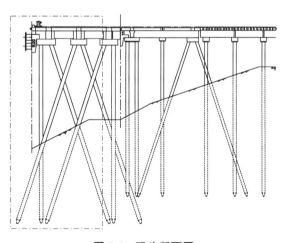

图 7-4 码头断面图

天津港码头多数建于软土地基上,且软土地基多数为围海造陆而成,场地条件差,土体强度低。天津港 22~24 号泊位码头的地基土层分布如图 7-5 所示。

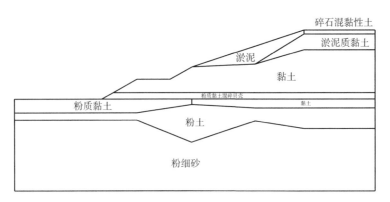

图 7-5 依托工程码头地基断面图

各土层的力学性能指标见表 7-1。

材料力学性能指标　　　　　表 7-1

材料	构件	材料	密度(kg/m³)	弹性模量(MPa)	泊松比	内摩擦角 φ(°)	黏聚力 c(kPa)
混凝土	叉桩	C35	2500	31500	0.30	—	—
	直桩	C35	2500	31500	0.30	—	—
	其他	C30	2500	30000	0.30	—	—
土	—	碎石黏土	1910	13.41	0.20	25.2	25.0
	—	淤泥	1560	5.49	0.42	15.7	11.1
	—	淤泥质黏土	1720	7.05	0.42	17.7	17.3
	—	黏土	1850	12.21	0.25	21.7	33.5
	—	粉质黏土	1920	17.16	0.25	24.3	26.0
	—	粉土	1970	23.10	0.25	28.5	27.5
	—	粉细砂	1500	17.00	0.25	32.0	—

7.2.2　总体设计原则

总体设计原则为：

1）目的与功能的主辅原则

码头结构健康监测系统的主要目的是掌握结构的运营安全状况，因此，实施方案的设计以码头结构安全性为主，其他目的为辅助性的。

2）功能与成本最优原则

监测项目及传感器数据越多，监测信息就越全面，系统成本就越高，反之系统成本越低，但可能会因为监测信息不足而使监测数据有效性降低。所以，为使系统成本更合理，必须对功能与成本进行优化，使用最少的投资，获得最多的有效监测信息。

第7章 健康监测技术的其他工程应用案例

3）系统性和可靠性原则

监测系统最基本的要求是可靠性,而系统的可靠性取决于所组成的各种仪器的可靠性、监测网络的布置及设计的统筹安排和施工的配合等多种因素。

4）关键部件优先与兼顾全面性原则

关键部件是指各种原因导致的可能破坏区、变形敏感区及结构的关键部位,对这些关键部件必须进行重点监测。但也应考虑全面性,对结构整体性进行监测。

5）可更换性与可扩展性原则

由于监测周期长,传感器不可避免地会出现性能下降甚至不可用的情况,因此,设计中应有针对性地考虑系统的可更换性、易维护和完整性,以便后续的系统维护和升级。

6）实时与定期监测结合原则

根据监测目的、功能与成本优化确定监测内容后,应考虑实时监测与定期监测分别设置的原则。由于监测内容不同,不是所有监测都必须是长期实时进行的,有些内容可考虑采用定期监测的方式,以减少后期维护成本,减轻数据处理压力。

7.2.3 监测指标的确定

本项目依托工程为典型高桩式码头,根据使用荷载的不同,分为前承台和后承台两部分。前承台受到门机荷载、流动机械荷载、货物堆载、船舶撞击力、系缆力、挤靠力等多种外力的共同作用,受力情况复杂,尤其是船舶撞击极易造成码头结构的桩基破损或断桩,严重影响码头的安全性。并且,海洋环境的氯离子侵蚀极易导致钢筋混凝土构件的钢筋锈蚀、混凝土开裂,造成结构的耐久性降低。随着损伤的积累,码头结构极易发生面板垮塌、梁体断裂、结构整体倾斜甚至倾覆,造成重大的安全事故,因此,高桩码头前承台的安全性更值得关注。

高桩码头结构设计及码头检测评估中,重点关注的物理量有码头结构的整体相对变位、桩基应力、横梁应力、轨道梁应力、面板应力、岸坡变形及横梁与桩帽的相对位移等。

据此,高桩码头结构健康监测指标可大致分为三类,即:位移、应变和结构动力特征。

(1) 位移监测。位移主要是指码头构件的相对位移,监测项目应包括横梁与桩帽的相对位移。

(2) 应变监测。应变主要是指码头结构各关键构件的应变状态,关键构件包含桩基、横梁、轨道梁、纵梁、面板等。由于关键构件的安全状态可反映整体结构的安全状态,通过对这些构件的应变监测,可实时了解码头结构关键构件的安全状态,确保码头生产安全。

(3) 结构动力特征监测。码头结构整体动力特征主要是指结构的模态信息,即结构的固有频率、振型和阻尼比。结构动力特征的变化可反映结构整体的健康状态变化。通过对结构动力特征的长期监测,分析结构动力特征的时变规律,可确定结构的损伤状态及损伤位置,这在高层建筑、大跨径桥梁等领域的结构识别研究中已得到验证,并在许多实际结构的健康监测系统中得到应用,基于结构振动特性的损伤识别方法已在上文有详细论述。

在上述三类监测指标中,位移和应变是直接反映结构安全状态的指标,可直观反映结构和构件的安全状态,对结构损伤敏感。结构动力特征是结构的固有特性,但由于结构固有频率的变化对结构损伤程度不敏感,且振型、阻尼比及应变模态难以精确测量,导致以结构动力特征变化判定结构损伤的方法的应用受到限制。

针对结构动力特征的监测数据,应通过模型修正与系统识别法、遗传算法、小波分析法、神经网络法等方法进行数据处理分析,基于数据分析判定结构的损伤状态和位置。所以,码头整体结构的动力特征是码头结构安全监测的一类间接监测指标。

基于对高桩码头结构关键力学指标的分析,天津港 22~24 号码头健康监测系统的监测内容设计为三部分,即:结构的位移监测、结构构件的应变监测及结构整体动力特征监测。

其中,位移监测指标为纵、横梁与桩帽之间的相对位移;码头结构构件的应变监测指标有桩基应力、横梁应力、轨道梁应力、面板应力;码头结构的动力特征监测指标主要指结构的模态信息,即结构的整体频率、振型及阻尼比。

7.2.4　有限元建模与计算

船舶撞击极易造成高桩码头断桩事故发生,而且,高桩码头结构除竖向使用荷载外,其他荷载多数为水平荷载。为了了解码头结构在水平荷载作用下的荷载效应,从而确定监测传感器的合理位置,根据监测结构段的尺寸、材料力学特性等,采用有限元建模的方式,计算结构在水平荷载作用下的荷载效应。

在码头使用过程中,软土地基的变形量大,蠕变现象明显,且软土地基的固有频率低,势必影响码头结构的动力响应。忽略桩-土相互作用的有限元建模方式,势必降低计算精度。因此,计算该码头结构段的荷载效应时,应考虑桩-土相互作用的影响。

桩-土相互作用问题的研究已经历了近 30 年的发展,形成了许多理论分析方法,如整体有限元法、子结构分析法、混合分析法、杆系分析法等。桩-土相互作用中的关键问题是接触关系的模拟。目前模拟接触的计算算法有接触单元法、接触力学分析法以及工程上常用的土弹簧法。使用土弹簧的弹力来代替土体抗力是一种切实可行且非常简便的方法。因此,本项目选用土弹簧代替土体的有限元建模方法,进行水平荷载作用下的码头结构荷载响应计算。

本项目模型建模采用 ABAQUS 有限元商业软件。建模时,桩-土相互作用中的土体部分用水平弹簧和竖向弹簧替代,水平弹簧刚度采用 m 法计算得到,竖向弹簧刚度采用温克尔理论计算得到,具体计算公式如下:

第7章 健康监测技术的其他工程应用案例

水平弹簧刚度 k 为：

$$k = ab_1 mz \tag{7-1}$$

其中，a 为各土层厚度(m)；b_1 为桩基计算宽度(m)；m 为土层的 m 值(kN/m^4)；z 为各土层中点距地面的距离。

竖向弹簧刚度 k 为：

$$k = \frac{(1-\upsilon_0)E_0}{(1-\upsilon_0)(1-2\upsilon_0)H} \tag{7-2}$$

其中，E_0 为土的变形模量(m)；υ_0 为土的泊松比；H 为各土层厚度。

建立三维有限元模型，桩基采用 B31 三维梁单元，面板和纵横梁采用三维壳单元(S4)，故桩基梁单元的每个节点设置3个弹簧单元，其中两个为水平弹簧，一个为竖向弹簧。土弹簧示意如图7-6所示，结构有限元模型如图7-7所示。

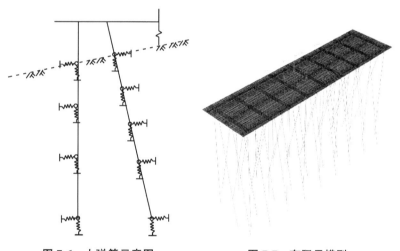

图7-6 土弹簧示意图　　　　图7-7 有限元模型

计算时，水平荷载选择船舶靠泊时的撞击力。为了获取码头结构荷载效应分布状态，将撞击力等效为静力的方式进行加载，并以静力学方式进行有限元计算。由有限元计算结果可以得出结构桩基的弯矩分布图，如图7-8所示。

根据弯矩分布图可知，反弯点以上部分桩基的最大弯矩处于桩顶位置。因此，考虑传感器安装施工的方便性，桩基应力监测位置应选择在桩顶的一定范围内。根据结构力学可知，面板、横梁、轨道梁的应力监测应选择跨中位置。

为了解被监测码头结构的动力特征，获取码头结构固有振动频率范围及振型状态，以便进行监测传感器的选型及布置方案的确定，按照上述静力计算模型及相同的约束条件，采用 ABAQUS 有限元软件对被测结构段进行模态计算，获取结构的固有振动频率信息及振型形态，具体如图7-9所示。

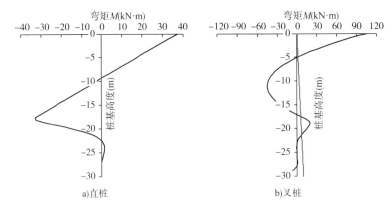

图 7-8 桩基在水平力下的弯矩图

图 7-9 码头结构的模态计算结果

由计算结果可知,结构的一阶纵向、一阶横向及一阶扭转的固有频率分别为 0.510Hz、2.675Hz 及 2.546Hz。由此可判断,结构纵向刚度较横向小,振动薄弱方向为纵向,在外界激励作用下,结构纵向一阶振动更易被激起。

因此,结构动力特性监测时,结构纵向方向应配备加速度传感器。同时,结构段的一阶扭转频率位于一阶纵向振动频率和一阶横向振动频率之间,结构扭转振动频率也应被监测。

7.2.5 监测系统的组成

结构健康监测系统一般包括传感器子系统,数据采集、传输与处理子系统,损伤识别与安全评估子系统,数据显示与分析子系统,灾害预警子系统等。

本项目根据高桩码头结构所处环境的特殊性及关键监测指标需求,并考虑监测系统方案实施的可行性及监测系统操作的方便性,设计了包含传感器子系统、数据采集子系统、无线传输子系统、数据处理与预警子系统等的码头健康监测系统,如图 7-10 所示。

天津港 22~24 号泊位码头健康监测系统的工作流程如图 7-11 所示。

第7章 健康监测技术的其他工程应用案例

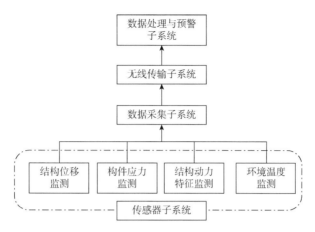

图 7-10 依托工程码头健康监测系统构成图

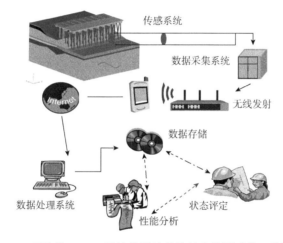

图 7-11 天津港 22~24 号泊位码头结构健康监测系统工作流程

由于天津港 22~24 号泊位码头的前承台由 9 个结构形式完全相同的标准结构段组成，各结构段的静、动力学性能一致。因此，只需要选择前承台的一个标准结构段进行性能监测，监测数据便可反映各结构段的力学性能。最后，通过现场比选，将码头结构健康监测系统选择建设在 22 号泊位的第三结构段上。监测系统的布置如图 7-12 所示。

7.2.6 传感器子系统

传感器子系统主要监测指标包括结构的桩基应变、桩梁构件的相对位移、结构动力特性以及环境温度。

根据依托工程结构的力学特性及所处环境的特点，本项目对传感器子系统的传感器选型、布置方案、施工方法与流程进行了系统分析研究，给出了具体的实施策略。

依托工程传感器布置方案如图 7-13 所示。

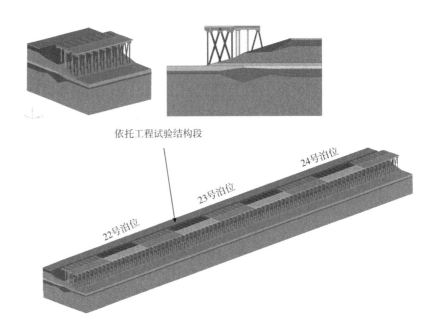

图 7-12 依托工程健康监测系统结构段分布位置示意图

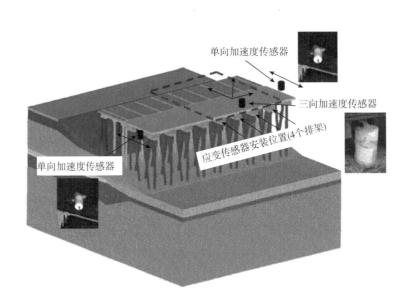

图 7-13 传感器分布示意图

7.2.6.1 结构动力特性监测方案

根据结构计算分析可知,依托工程标准结构段的结构固有频率最低值为 0.510Hz,该频率值属于超低频的范畴,一般的动圈式和压电式传感器很难满足测试要求。因此,本项目选择采用力平衡加速度传感器(图 7-14)进行结构的动力特性监测。

第7章 健康监测技术的其他工程应用案例

a)传感器　　　　　b)屏蔽传输电缆　　　　　c)标准电源

图 7-14　力平衡加速度传感器

力平衡加速度传感器技术参数见表 7-2。

传 感 器 参 数　　　　　　　　　　　　　　　表 7-2

传感器名称	量　程	分 辨 率	工 作 温 度	频 响 范 围
力平衡加速度传感器	±2.0g	10μg	−25～+65℃	DC 200Hz(±3dB)

结构振动特性监测的内容应包括结构段的横向、纵向及扭转振动特征,在考虑施工可行性的前提下,选择在码头面板的设备放置箱安装位置处(4 个排架沿岸线方向的中间位置)安装 1 个三向力平衡加速度传感器。为了监测结构段的扭转信息,分别在结构段的面板下方安装 2 个单向力平衡加速度传感器,敏感方向为垂直岸线方向,这是由于结构的扭转信息需要结构段两侧的振动信息协同判别。

为了不影响码头的生产作业,并保证传感器安装位置为结构段垂直岸线方向的跨中位置,这两个单向力平衡加速度传感器安装在码头面板下方,具体安装位置如图 7-15 所示。但面板下方属于浪溅区,极端高水位时会完全浸没于海水中,且力平衡加速度传感器需供电,必须对传感器采取防锈、防水措施。

图 7-15　加速度传感器实际安装环境

码头结构与高层建筑、大跨径桥梁等民用建筑的服役环境不同,其位于海洋环境中,海水是天然的电解质,钢材在海水中极易发生锈蚀破坏。因此,用铁质材料制成的力平衡加速度传感器的防锈、防水、防漏电工作必须做好。

为了做好上述防护工作,针对依托工程结构健康监测系统所采用的力平衡加速度传感器,设计了相应的防护装置。防护装置具体构造如图7-16所示。

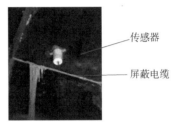

图7-16 力平衡加速度传感器防护装置

防护装置由安装钢板、PVC防护壳、安装螺栓组成。组装时,在安装钢板上钻孔,将传感器与PVC保护壳安装于固定钢板上,连接屏蔽传输电缆与传感器,然后往PVC防护壳内灌入玻璃胶,灌注玻璃胶时应分层灌注以便玻璃胶凝结,等玻璃胶完全凝固后即可进行现场安装。

现场安装加速度传感器时,首先在安装位置的混凝土上钻孔,然后采用钢制膨胀螺栓通过安装钢板固定在混凝土面板上,最后将屏蔽传输电缆规则地引入监测系统控制箱内。

海水里存在大量漂浮物,随着海水的涨落潮,漂浮物会在高桩码头下方积聚。若线缆过于散乱,随着潮水的移动,漂浮物很有可能将线缆撞断,造成传感器失效。因此,在屏蔽传输电缆走线时,应每隔4.0m左右设置一个固定卡,将线缆牢固地固定在码头构件上。线缆固定方式如图7-17所示。

图7-17 屏蔽电缆走线

7.2.6.2 构件应变监测方案

构件应变监测方案由三部分组成,即桩基应变监测、轨道梁应变监测、码头面板应变监测。

桩基是高桩码头结构的关键受力构件,桩基的破损或断裂极有可能导致码头的整体倒

第7章 健康监测技术的其他工程应用案例

塌,造成重大人员伤亡和财产损失。基于对高桩码头结构的破坏机理分析和结构受力特征分析,应重点针对桩基安全状态进行监测。对于预应力空心方桩而言,混凝土开裂即可认为桩基破坏。

因此,依据极限拉应变强度理论(第二强度理论),通过监测桩基关键位置的应变状态来反映桩基的安全状态。通常混凝土的极限抗压应变在 $2000\mu\varepsilon$ 左右,极限抗拉应变在 $200\mu\varepsilon$ 左右,在桩基的负弯矩区,混凝土的抗拉能力更为薄弱,监测时应重点关注桩基关键区域的拉应变值。

由于依托工程的标准结构段的桩基部分由 9 个标准排架组成,每个排架有 6 根桩,每排排架的结构形式和尺寸相同。根据监测目的和要求,并考虑施工方案的可行性及方便性,选择 4 个排架进行桩基应变监测,每个排架的 6 根桩上分别安装 1 个应变传感器,共计 24 个应变传感器。

由上述模型计算分析可知,桩基的最大弯矩位于桩顶,桩顶区域的应变应为监测的对象。但考虑到传感器安装施工的可行性及方便性,应变传感器安装在距桩帽以下 850mm 的位置。

由于桩基位于水位变动区域,低潮位时应变传感器安装位置才露出水面,因此,应变传感器将常年处于海水浸泡的环境中。传统的电阻式应变片需要加载恒定电压才能工作,一旦与水接触,便会发生短路,造成应变片失效,甚至会造成应变采集仪短路损毁,使整个监测系统失效。同时,每个应变片需要用独立的两根电缆连接到应变采集仪上,若监测系统控制箱距监测点的距离过远,传输电缆的电阻便会掩盖应变片的电阻,某些情况下传输电缆受力拉伸,便会造成监测结果的改变,带来错误的监测结论。并且,应变片在长期供电状态下会发热,使得应变监测结果不准确。

根据工程经验,水环境下应变片的存活率较低,因此本项目不采用电阻应变片作为桩基应变监测的传感器。振弦式应变计稍好于电阻式应变计但振弦式应变计同样需要供电,且环境温度对测量结果影响较大,同样不可采用。本项目桩基应变监测的传感器选择基于光纤 Bragg 光栅的光纤光栅应变传感器。

光纤光栅应变传感器的主要优势表现在:

①传感器不需要任何电力,不受电磁干扰,体积小,一根光纤可以串联多个传感器。
②无须特殊连接,耐腐蚀(化学腐蚀、海水腐蚀等)。
③传输距离远(>50km)。
④工作温度可达 600℃(特殊传感器)。

光纤光栅应变传感器可在水环境中工作,无须供电,对水环境具有极强的适应性,这正是沿海港口码头结构健康监测系统传感器所必须具备的基本条件;光纤所用材质为玻璃纤维,不含金属成分,不必担心海水腐蚀造成其锈蚀;此外,随着生产工艺的发展,光缆及光栅的制作成本逐渐降低,光缆价格比普通电缆价格更具优势。

一根光缆可以串联多个光纤光栅应变传感器(一般为6个左右),对码头结构健康监测系统的施工和运行极为有利。因为一个传统的电类传感器一般需要用一根传输电缆连接到采集设备上,当监测系统中的测点较多时,不仅需要配备相应的传输电缆,而且采集设备应具备足够的通道数以满足测试的需要,这往往使得监测系统的建设成本较高。并且,当测点与监测设备控制箱的距离较远时,则必须配备足够长的电缆用于数据传输,这不仅会使监测系统的建设成本增加,电缆电阻会增大,电磁干扰程度加大,造成数据传输损耗加大,影响监测结果。

采用光纤光栅应变传感器,多个传感器可以用一根单芯光缆连接到数据采集设备上,这不仅可使得监测系统建设成本降低,且光纤数据传输不受电磁干扰、长距离传输信号不衰减的特性会使监测数据的质量大幅提高。因此,依托工程健康监测系统的应变监测传感器采用光纤光栅应变传感器是极为合适的。

1)桩基应变监测

根据桩基应变监测的技术需求,本依托工程健康监测系统的桩基应变监测传感器采用大连理工大学研制的光纤光栅应变传感器,其技术参数指标见表7-3,传感器外观如图7-18所示。

传感器参数表 表7-3

传感器名称	量程	分辨率	工作温度	长度	直径
光纤光栅应变传感器	$\pm 2000\mu\varepsilon$	$1\mu\varepsilon$	$-20 \sim +80℃$	65mm	5mm

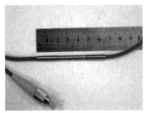

a)光纤光栅应变传感器　　b)传感器安装支座　　c)光纤

图7-18　光纤光栅应变传感器及配件

传感器的两端各预留一个FC光纤接头,以便多个传感器串联。安装传感器时需要固定安装支座在被测结构件上,传感器安装在固定支座之间。

本依托工程健康监测系统的桩基应变监测位置为24个,分布在4个排架上,每个排架包含6根预应力空心方桩,其中包括4根叉桩、2根直桩。光纤光栅应变传感器安装在距桩帽以下850mm的桩基表面位置。传感器具体安装位置如图7-19和图7-20所示。

为了记录方便,将4个排架由南向北分别命名为排架1、排架2、排架3、排架4,每个排架的6个传感器从岸侧到海侧分别命名为1,2,…,6,则排架1上的传感器编号为1-1,1-2,…,1-6,以此类推。

第 7 章 健康监测技术的其他工程应用案例

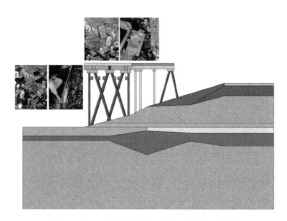

图 7-19 桩基应变传感器布置示意图

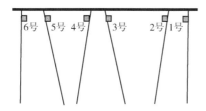 

图 7-20 桩基应变传感器布置示意图

沿海码头结构健康监测系统中的传感器安装和线路敷设与陆地工程施工有所不同:海洋环境中的桩基表面会生长如牡蛎等贝壳类海生物,造成传输信号衰减甚至造成光缆断裂;且海面会有较多固体漂浮物,会对光纤光栅应变传感器造成损害。因此,需要对光纤光栅应变传感器和线路设置防护措施。

本依托工程健康监测系统的应变传感器及光缆走线均采用了必要的保护措施,有效避免了传感器和线路的意外损坏。

根据光纤光栅应变传感器的特点、系统监测周期和待测结构的表面特性,本依托工程中安装于桩基表面的光纤光栅应变传感器的安装方式选择夹持螺栓连接,即通过夹持装置采用螺栓将其固定在桩基表面。

高桩码头结构中桩基的形式主要有预应力混凝土方桩和钢管桩两种,故桩基结构表面的几何形状有弧面和平面两种。若要将传感器固定在不平整的混凝土结构表面上,需要借助不同的传感器夹持底座。因此,在安装应变传感器时准备了两种夹持支座,一种为平底底座,一种为弧形底座。其结构示意图如图 7-21 所示。

夹持底座采用性能良好的高标号不锈钢制成,以防底座在海水中锈蚀。夹持装置的上盖采用 POM 塑料制作。POM 塑料是种新型材料,具有自重轻、强度高、便于携带、耐磨性能好等特点,不易变形,不易磨损,还能保证加工精度,是制作夹持装置上盖的理想材料。本依托工程的桩基应变监测位置全部是方桩,故全部采用平底夹持支座安装应变传感器。

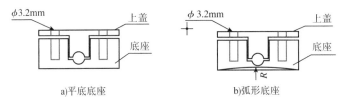

图 7-21 夹持支座结构示意图

为了防止牡蛎等贝壳类海生物浮生于光纤光栅传感器和光缆上,造成传感器损坏、光缆传输信号衰减或光缆断裂,并且防止海面漂浮物对光纤光栅传感器和光缆造成损害,安装传感器时,采用钢制保护壳和塑料胶管分别对传感器和光缆进行保护。

传感器保护壳采用优质不锈钢材料制成保护壳分外保护壳和内保护壳。内保护壳主要保护传感器,尺寸为 8cm×4cm;外保护壳主要保护传感器与光缆的连接处及光缆 FC 连接头,尺寸为 20cm×10cm。保护光缆的塑料胶管壁厚不小于 4mm。

光纤光栅应变传感器的安装步骤如下:

①安装传感器前,先对监测系统设计确定的桩基应变监测位置进行定位(桩帽下方 850mm)。

②确定位置以后,由于桩基表面生长有牡蛎等海生物,需要采用角磨机等工具清理、磨平桩基表面,清理范围控制在 30cm×20cm。

③对传感器夹持支座和外保护壳的安装孔位进行定位,定位后采用电钻在空位处打孔。

④打孔完毕后,将带有定位轴的夹持支座采用不锈钢螺栓安装在桩基上,接着打开夹持支座上盖,取出定位轴,将光纤光栅应变传感器安装在定位轴的位置,并用上盖将传感器压紧固定。

⑤采用螺栓将传感器的内保护壳安装在夹持支座上,接着将传感器的预留光缆接头与数据传输光缆接头连接,随后将连接接头与剩余光缆放置在传感器外保护壳内。

⑥最后采用不锈钢螺栓将其安装在桩基上。

传感器安装如图 7-22 所示。

每个传感器两端均会预留一段光缆,并且每段光缆都配有一个 FC 光纤接头,用于各传感器之间的串联;当传感器一端的接头损坏时,还可以使用另一端的接头同数据传输光缆连接,可有效保证传感器的安装存活率。

2)纵横梁应变监测

高桩码头结构中,轨道梁主要承受门机荷载和面板及其上部荷载。相比于其他纵、横梁,轨道梁所受荷载最大。轨道梁的使用安全性关系到码头作业生产的安全性,故其工作状

第 7 章 健康监测技术的其他工程应用案例

态下的应力状态应是高桩码头结构健康监测系统的监测指标之一。由上文可知,轨道梁的关键受力位置为跨中。因此,轨道梁的应变监测位置选择在第 3 和第 4 排架之间的靠岸侧的轨道梁跨中位置。由于监测位置处于涉水环境,应变传感器同样选择光纤光栅应变传感器,与桩基应变监测传感器相同。

图 7-22 桩基应变传感器安装流程

轨道梁的传感器与桩基应变传感器的安装方法类似,不同之处是:轨道梁的应变传感器安装平面是与地面平行的,而桩基的应变传感器是与地面垂直或成一定角度的;此外,轨道梁的应变传感器外保护壳是采用电源塑料防水盒经改装后制成的。安装传感器时,将传感器及内保护壳安装完成后,将塑料外保护安装在外面,然后将传感器的预留接头与数据传输光缆的接头连接,并做好接头处的保护(电工胶带缠绕),将光缆保护塑料管引入保护壳内,最后安装外保护壳下盖(图 7-23)。

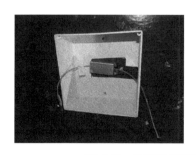 

图 7-23 轨道梁光纤光栅应变传感器安装

3）码头面板应变监测

高桩码头面板主要承受码头上方的流动荷载及临时堆载,当上方荷载过大时,面板会出现开裂破坏,严重时会出现塌方,造成人员伤亡和财产损失。由上文可知,面板的关键受力位置为中心位置,因此,面板的应变监测位置选择在第 2 和第 3 排架之间的靠海侧的第一块面板中心位置。由于监测位置处于涉水环境,应变传感器同样选择光纤光栅应变传感器,与桩基应变监测传感器相同。面板的应变监测位置与轨道梁的监测位置类似,应变传感器的安装方式与轨道梁上传感器的安装方式相同。安装施工如图 7-24 所示。

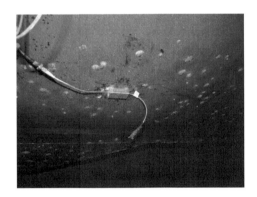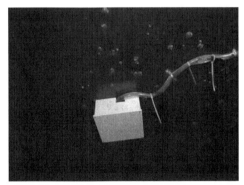

图 7-24　面板光纤光栅应变传感器安装

7.2.6.3　构件位移监测方案

在高桩码头结构中,简支结构的纵、横梁从桩帽上脱落也是造成码头重大安全事故的原因之一。纵横梁与桩帽之间的相对位移是本依托工程监测的技术指标之一。该指标的监测位置位于码头下方的涉水环境。根据桩基应变监测传感器的选型分析,梁与桩帽之间的相对位移监测同样选择光纤光栅类的位移传感器,即光纤光栅相对位移传感器。该传感器由山东大学研制,其相关技术指标见表 7-4,其外观如图 7-25 所示。

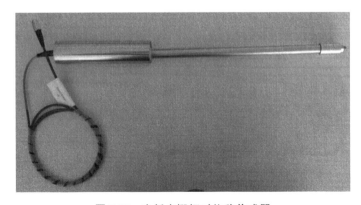

图 7-25　光纤光栅相对位移传感器

第7章 健康监测技术的其他工程应用案例

位移传感器参数表　　　　　　　　　　　　表 7-4

传感器名称	量　程	分 辨 率	工 作 温 度	频 响 范 围
光纤光栅相对位移传感器	50mm	0.5mm	−30~+120℃	—

根据健康监测系统的监测需求,梁与桩帽的相对位移监测位置共计 4 处,分别位于 4 个排架的中间 2 个排架的海侧的第一个桩帽上,每个桩帽上安装 2 个传感器,方向分别沿平行岸线方向和垂直岸线方向。安装位置如图 7-26~图 7-28 所示。

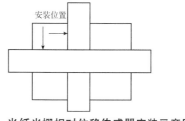

图 7-26 光纤光栅相对位移传感器安装示意图

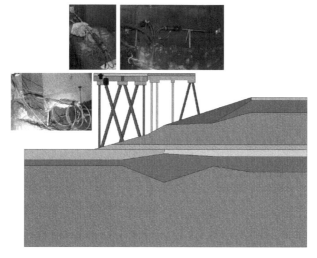

图 7-27 光纤光栅相对位移传感器安装位置

图 7-28 光纤光栅相对位移传感器实际安装位置

光纤光栅相对位移传感器的安装步骤为:首先,根据位移监测位置的安装条件,确定安装位置;然后,在桩帽和纵横梁的传感器固定点位处打孔,安装传感器连接件,传感器端部的连接件采用带有孔位的 L 形不锈钢件,连接一面安装在梁的表面,另一面与传感器端部采用螺栓连接;固定整个传感器的竖向连接件通过钻孔安装于桩帽上,连接件为直径 8mm 的不锈钢棒,上端带有螺栓固定端用于固定传感器;传感器安装完毕后,通过传感器尾部预留的光缆接头与敷设完毕的数据传输光缆经 FC 接头连接,接头部分的光缆用外套塑料保护管进行保护。安装现场见图 7-29。

a)传感器安装

b)安装完成

图 7-29 光纤光栅相对位移传感器安装施工

7.2.6.4 环境温度监测方案

服役环境温度的变化可引起结构温度应力的产生。对于超静定结构而言,温度相对于结构施工时的温度升高或降低时,均会造成结构构件产生次生内力,增大了结构的荷载效应,给结构的服役安全造成影响。环境温度的状态还是判定结构材料冻融破坏的参考。

根据监测需求,环境温度指标的监测位置位于码头下方的涉水环境。根据桩基应变监测传感器的选型分析,结构服役环境温度的监测选择光纤光栅类的温度传感器。此类传感器除了防水、耐腐蚀、耐久性能优越外,可以与桩基上的应变传感器直接串联,无须单独布线,大幅节约了系统施工成本和施工时间。

桩基应变监测位置为 4 个排架。由于每个排架的 6 根桩的间距较小,认为每个排架所处的环境温度相同。因此,每个排架安装一个温度传感器,共计 4 个光纤光栅温度传感器。根据依托工程服役环境的温度变化情况,温度传感器选择大连理工大学研制的光纤光栅温度传感器,相关技术指标见表 7-5。

温度传感器参数表 表 7-5

传感器名称	量程	分辨率	工作温度	频响范围
光纤光栅温度传感器	−20~+120℃	0.1℃	−20~+120℃	—

安装光纤光栅温度传感器时,直接与桩基的光纤光栅应变传感器串联,串联位置为每个排架从海侧计第二根桩基(叉桩)位置。光纤光栅温度传感器与应变传感器的串联方式见图 7-30。传感器的具体安装位置如图 7-31 所示。温度传感器在现场安装后,直接放置在桩基应变传感器的外保护壳内即可。

第7章 健康监测技术的其他工程应用案例

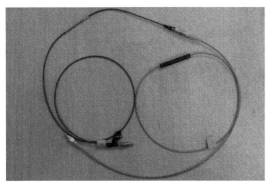

图 7-30 光纤光栅温度传感器与应变传感器串联

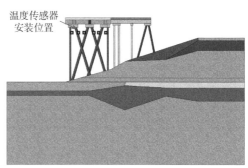

图 7-31 光纤光栅温度传感器安装位置

7.2.7 数据采集子系统

监测系统的监测指标有结构动力特征、构件应变、构件位移及环境温度。传感器的种类共两种,即力平衡加速度传感器(电类)和光纤光栅类传感器。

光纤光栅类传感器信号由光纤光栅解调仪采集,电类信号的加速度传感器信号采用电类动力信号采集仪采集。为了得到上述两种信号数据,必须使用光纤光栅解调仪和电类动力信号采集仪,并将两类设备同时放在监测系统控制箱内。但光纤光栅解调仪和电类动力信号采集仪的价格均较高,这种做法不仅大幅增加了监测系统的施工成本,而且两类数据采集不能保证时间同步,这就造成两类数据不能进行同步分析对比,难以通过两类指标的相关性进行结构的安全状态评估,大幅降低了监测数据的利用率。

因此,为了保证能同步采集到依托工程的加速度电类信号和光纤光栅类信号,本项目定制了电类信号与光纤光栅信号的同步采集仪,该设备由大连理工大学研制,其具体参数见表 7-6,外观如图 7-32 所示。

电类与光纤信号同步采集仪技术参数   表 7-6

序 号	名 称	技术参数
光学指标		
1	通道数	15
2	波长范围	1510~1590nm
3	精度	1pm
4	稳定性	2pm
5	动态范围	40dB
6	扫描频率	2Hz
7	光学接头	FC/APC
8	光谱功能	全光谱
电气特性		
1	电源供应	19~30V DC

续上表

序　号	名　　称	技术参数
2	数据传输接口	以太网
3	功率	20W(典型)
机械特性		
1	工作温度	−10~60℃
2	外形尺寸	366mm×320mm×147mm

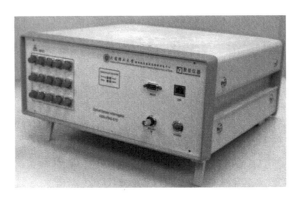

图 7-32　电类与光纤信号同步采集仪

本项目依托工程健康监测系统的实施方法是将所有的传感器信号通过光缆和传输电缆引入码头面上的监测系统控制箱,相应的采集设备放置在其内,采集到的数据先存储于现场的采集设备中,然后通过 4G 网络接入因特网,存入云端平台。

数据采集系统主要由电类与光纤信号同步采集仪和工控机组成。工控机用于数据采集软件的安装、数据采集与存储,并为后期的监测数据无线传输提供操作平台。数据采集系统组成如图 7-33 所示。

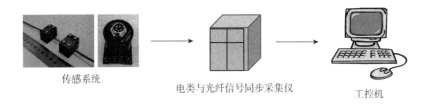

图 7-33　数据采集系统组成

此数据采集系统实际包含了两种数据采集系统,即光纤光栅信号采集系统和电类信号采集系统。

光纤光栅信号采集主要由同步解调仪中的光纤光栅解调模块完成。该模块主要为光纤光栅传感器提供光源激励,并对光纤光栅传感器经光缆远程反射回来的光信号进行光电转换、数字量识别并以温度、应变、压力、位移等物理量的形式在采集终端显示、存储和分析,根据要求进行数据上传或信息上报,实现结构损伤诊断、报警及控制。

第7章 健康监测技术的其他工程应用案例

加速度等电类信号采集由同步采集仪上的电类信号采集模块完成,实现结构振动等信号的采集、存储及上传。整个数据采集系统存放在码头面边缘的监测系统控制箱内,实现依托工程结构性能状态的长期监测与分析。监测系统控制箱见图7-34。

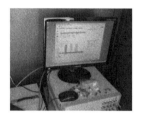

图 7-34 监测系统控制箱

数据采集系统中的关键参数是数据采样频率,其设置得合适与否关系到监测数据的正确与否。整个监测系统的监测指标有结构振动信号、构件应变、构件位移及环境温度,除了振动信号是电类信号外,其余全部为光纤光栅信号。

考虑监测的数据量及分析难度,所有光纤光栅信号统一采用 1.0Hz 的低速采样频率,采样方式为连续采样。

考虑采样频率与振动频率的相互关系,在保证码头结构振动信号完整的前提下,结构振动信号的采样频率设置为 50Hz。

7.2.8 数据通信与传输子系统

智能健康监测系统与无线网络通信技术的结合使得远程硬件管理和远程数据管理等功能成为可能。两者的结合可以使所有传感器数据的采集、分析及结构安全评估工作在远程的计算机终端进行。这种结构的系统更加有利于提高数据对象信息应用的时效性,科研人员和工程技术人员即使不在控制现场,也可以通过网络随时了解现场的监测系统运行情况及监测数据的实时变化。

本项目设计的数据通信与传输系统主要由工控机、无线发射模块、4G 网络及数据分析远程终端组成(图 7-35)。其中,工控机和无线发射模块均放置在监测系统控制箱内,控制箱位于依托工程码头面上。

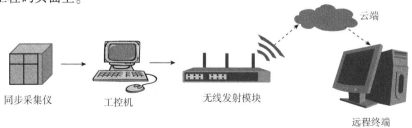

图 7-35 数据通信与传输系统示意图

传感器测量的数据首先通过有线的方式存入工控机,经过初步的数据滤波与数据处理后,经无线发射模块通过 5G 网络将数据上传至专用网络云端。远程终端控制机可从网络云端平台实时下载传感器数据,并将其存入远程终端数据库中。存入远程终端数据库中的数据经过处理与分析,基于相关的结构损伤识别与评估方法,可用于对高桩码头结构的状态进行评估,实现码头结构的健康监测。

7.2.9 码头结构健康监测系统

为了对码头健康监测系统的场外设备进行衔接,对监测仪器设备进行远程管理,对监测数据进行分析处理和动态显示,设计开发了码头结构健康监测系统。系统旨在梳理、分析和深度挖掘监测数据,通过多角度的对比显示,为码头日常运行管理提供生动直观的数据指导。

系统主要实现了以下五部分功能。

1)现场采集设备的管理

根据监测需求,依托工程现场布设的采集设备包括传感器、采集仪和工控机。传感器安装在 22~24 号泊位码头前方承台的标准结构段上,传感器采集到的模拟数据以光纤传输方式传输到采集仪,并由采集仪传输到其附近的工控机上进行存储,以待远距离传输。

(1)传感器管理

依托工程,现场布设了温度、位移、应力应变和振动四种类型的传感器。这四类几十个传感器均需在系统中添加,添加后如无改变可一直沿用。根据每一类传感器的自身特点,添加到系统时需提供不同的参数(图 7-36)。

图 7-36 配置传感器设备

随着海水的侵蚀和传感器使用寿命的不断减少,传感器将会面临损坏的可能,从而无法完成该点位的监测。系统有传感器自检功能,当传感器不能正常工作时,系统会自动报警,系统管理人员根据提示信息可对该点位的传感器进行进一步的查看和检测。

第7章 健康监测技术的其他工程应用案例

(2)采集仪管理

系统中需添加现场布设的采集仪,并与传感器进行关联。关联后的传感器数据可按时序传输到远端采集仪。

当采集仪不能正常工作时,系统会自动报警,提醒系统管理人员到现场查看采集仪的工作状态,排查异常情况。

(3)工控机管理

系统中需添加现场布设的工控机,并与采集仪进行关联。关联后的采集仪数据可传输到工控机中。工控机作为现场设备的终端,会将收集到的数据进行简单的处理后发出。

当工控机不能正常工作时,系统会自动报警,提醒系统管理人员到现场查看工控机的工作状态,排查异常情况。

(4)现场设备采集计划

系统提供了可根据实际情况和需求自行设置的设备采集计划。可设置现场传感器的采集开始时间、采集终止时间、采集频率、上传间隔、上传时长、上传触发值等关键信息,从而筛选现场监测数据,获取有效信息。

2)传感器监测数据的实时显示

传感器添加之初,系统会根据传感器类型和自然数相结合的方式,给每一个添加到系统中的传感器分配一个唯一的标识码。根据标识码可轻松查询到该传感器,并查询、显示传感器实时监测数据。

现场布设有温度、位移、应力应变和振动四种类型的传感器,在系统中可实时查看当前的监测数据,如图7-37、图7-38所示。

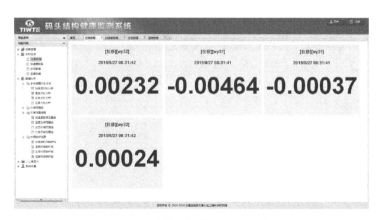

图7-37 位移传感器监测数据实时显示

图 7-38　应变传感器监测数据实时显示

3）监测数据的多角度对比分析

（1）全局总览

系统的首页显示了每类传感器的实时监测数据变化。系统将每类传感器监测数据以不同颜色的曲线标识到同一个图中，用户可直观地观察同一时刻不同点位的同一类传感器数据大小。

（2）多传感器对比分析

首页的各类传感器实时显示可以给用户一个直观的、全局的显示效果，系统数据分析模块中还对其进行了更为精细、准确的分析。

根据需求可指定对比分析的主体传感器及其数量，可选择对比分析的开始日期和结束日期等。对比分析图中会根据上述要求只显示用户所关注内容。对比分析图可清晰直观地显示每一个传感器的监测数据随着时间推移的变化曲线，也可以显示同一类传感器中的几个或者全部传感器的监测数据随时间推移的变化曲线，如图 7-39 所示。

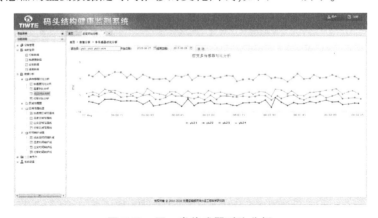

图 7-39　同一类传感器对比分析

(3)单一传感器数据的时程分析

系统在提供多个传感器对比分析的同时,还提供了单一传感器数据的时程分析功能。根据需求可选择所关注的某一个传感器,设定观察的开始日期和结束日期,以天为单位的区域范围分析图如图7-40所示。

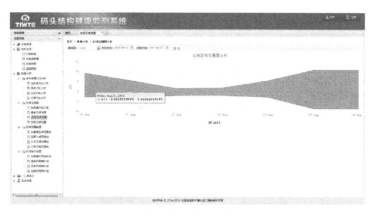

图7-40 单一传感器数据的时程分析

(4)单一传感器区域范围曲线变化

系统在单一传感器数据的时程分析的基础上,提供了区域范围和实时数据叠加的分析图,方便对该传感器在当前一段时间内每天变化的最大值、最小值和平均值进行比较,如图7-41所示。

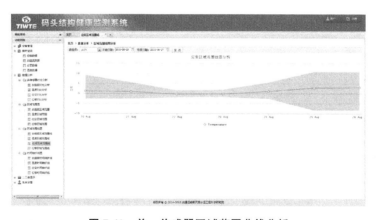

图7-41 单一传感器区域范围曲线分析

(5)时间轴折线分析

系统提供了一段时间内每一天的传感器数据均值变化曲线。选择某一传感器,设定观察的开始日期和结束日期,即可显示该时间段内该传感器数据的变化情况,如图7-42所示。

图 7-42 时间轴折线分析

4）二维、三维图形化场景下传感器监测数据查询显示

系统将现场布设的传感器与码头泊位结构图相结合，以二维和三维两种表现形式，直观显示天津港 22~24 号泊位的高桩码头前方承台的标准结构段。

在码头平面、断面结构图中标识出了现场传感器的布设位置，点击传感器符号，可获取该传感器的实时监测数据。

在三维显示模式中，系统提供了一个可灵活操作的三维环境场景，通过鼠标可缩放、旋转三维场景视角，观察传感器的所在位置，点击传感器图标可调取实时监测数据，效果如图 7-43 所示。

图 7-43 三维场景环境下码头结构及监测数据显示

5）系统设置

系统提供了基本的用户和权限管理、密码修改、传感器等设备的预警值设定等功能。

7.2.10 结论

本节通过具体的依托工程对高桩码头结构健康监测系统的组成、监测指标的确定、有限

第7章 健康监测技术的其他工程应用案例

元建模与计算、传感器和采集设备的选型、安装施工、数据采集与传输方式、数据显示与分析平台进行了详细的介绍：

①确定了高桩码头健康监测的指标为结构整体振动加速度、桩基应变、轨道梁应变、面板应变、纵横梁与桩帽之间的相对位移及结构服役的环境温度。

②选择光纤光栅类传感器，有效解决了电类传感器在海水中无法应用的问题。

③采用了电类信号与光纤光栅信号同步采集仪，实现了电类信号与光学信号的同步采集，建立了高效的在役高桩码头健康监测系统的数据采集子系统。

④通过无线传输网络将监测数据上传云端，远程终端可即时从云端平台下载监测数据，用于数据显示分析与结构状态评估。

⑤采用浏览器/服务器架构设计、开发了数据显示与分析平台，可实时调取和显示多个监测指标数据，并可采用时域分析和频域分析的方法对监测数据进行处理分析。

7.3 三亚凤凰岛邮轮母港大体积混凝土温度及应力监测系统

7.3.1 工程概况

三亚凤凰岛国际邮轮港二期工程为水工结构类项目。工程地点位于三亚湾内已建成的凤凰岛一期工程西南侧，紧靠一期人工岛的对开区域。工程主要内容是人工岛的陆域形成及码头建设。主要结构形式为沉箱重力式、现浇L形胸墙及预制方块，均属于大体积混凝土结构。工程位置如图7-44所示。

图7-44 工程位置

三亚市属于热带地区,位于 109°29′~109°30′E,18°13′~18°14′N,年平均气温、日照强度普遍高于内陆地区。在高温条件下进行现浇胸墙结构施工,其温度控制是工程施工的一项重点和难点问题。对于大体积混凝土结构,若施工时混凝土内外温差较大,易造成浇筑混凝土时因温度应力过大而混凝土开裂,影响混凝土浇筑的质量乃至整个结构的安全。因此,需对高温条件下现浇胸墙结构施工方法及温度控制策略进行系统研究,防止混凝土开裂的发生。

根据三亚气象局记录,本海区年平均气温 25.0℃,以 6 月最高(28.5℃),12 月最低(22.0℃)。历年最高气温为 36℃,历年最低气温为 2℃。三亚每年的 5—10 月都是高温天气,平均气温达 30℃,太阳直射温度高达 40~50℃。三亚年平均相对湿度为 79%,6—9 月相对湿度较大(平均为 84%),11 月—次年 1 月相对湿度较小(73%)。这种高温高湿的环境是大体积混凝土施工面临的难题。因此,开展高温地区大体积混凝土温度控制及配合比优化研究对保证本工程大体积混凝土科学有效的施工是很有必要的。受中交天航港湾建设工程有限公司委托,交通运输部天津水运工程科学研究所于 2016 年 4—11 月开展了对高温地区大体积混凝土温度应力的监测研究工作,建立了大体积混凝土温度应力监测系统。

7.3.2 监测试验方案设计

为了进行高温地区大体积混凝土温度应力监测,选取 5 个 2.5m×2.5m×1.3m 的大体积混凝土试块(图 7-45)为监测对象,通过实时在线监测系统,针对不同施工策略下的混凝土方块,监测其内部温度及应力状态,获取不同施工策略下混凝土内部的温度及应力分布规律,以检验不同施工策略对温度应力的控制效果。

图 7-45 试块及监测现场

针对选取的 5 个混凝土试块,根据拟研究的大体积混凝土温度应力控制策略,设计了 5 种原型监测试验工况,分别为:拌和水加冰施工(Block5)、分层浇筑施工(Block2)、夜间施工(Block4)、混凝土配合比调整施工(Block1)以及正常施工(Block3)。正常施工(Block3)

第7章 健康监测技术的其他工程应用案例

与拌和水加冰施工(Block4)、分层浇筑施工(Block2)、夜间施工(Block4)采用的混凝土配合比一致,即 Block2~Block5 的混凝土配合比一致(水胶比为 0.40),具体配合比见表 7-7。Block1 为混凝土配合比调整施工方块,其混凝土配合比(水胶比为 0.38)与其他 4 块不同,采用的具体配合比见表 7-8。

正常施工混凝土配合比设计(质量比)　　　　　　　　　　　　　　　　　　　　表 7-7

强度等级	水胶比	配合比 (P.O 42.5 水泥∶砂∶石∶水∶外加剂∶粉煤灰)	石子粒径 (mm)	坍落度 (mm)	$f_{cu,k}$(7d) (MPa)	$f_{cu,k}$(28d) (MPa)
C35	0.40	330∶762∶1010∶165∶6.2∶83	12~30	165	35.2	44.2

注:混凝土品牌为海岛昌江。$f_{cu,k}$ 为标准立方体抗压温度。

调整的混凝土配合比设计(质量比)　　　　　　　　　　　　　　　　　　　　表 7-8

强度等级	水胶比	配合比 (P.O 42.5 水泥∶砂∶石∶水∶外加剂∶粉煤灰)	石子粒径 (mm)	坍落度 (mm)	$f_{cu,k}$(7d) (MPa)	$f_{cu,k}$(28d) (MPa)
C35	0.38	347∶753∶998∶165∶6.5∶87	12~30	135	42.7	48.6

注:混凝土品牌为海岛昌江。

各试块具体浇筑时间为:Block1 试块于 2016 年 6 月 18 日 17:30 浇筑;Block2 试块第 1 层于 2016 年 6 月 18 日 17:30 浇筑,第 2 层待第 1 层浇筑完毕 53min 后开始浇筑;Block3 试块于 2016 年 6 月 18 日 16:50 浇筑;Block4 试块于 2016 年 6 月 20 日 21:30 浇筑;Block5 试块于 2016 年 6 月 21 日 11:10 浇筑。各混凝土四周均采用模板支护,浇筑 1d 后拆模。

按照规定,在每个混凝土块距顶面 50mm、距底面 50mm 及块体中间位置分别设置温度及应力测点,每块共设置 16 个测点,每个测点各布置 1 个温度传感器和 1 个应变传感器。每个试块的测点布置位置如图 7-46 所示,测点的三维视图如图 7-47 所示。测点的命名方式为"试块号-横轴号-纵轴号-由底部向上的编号-参数标识号",如 B1-3-B-2-t 表示 Block3-横轴号 3-纵轴号 B-由底部往上数第 2 点-温度,B1-3-B-2-s 表示 Block3-横轴号 3-纵轴号 B-由底部往上数第 2 点-应变。

为了测量环境温度,在混凝土浇筑现场附近设置混凝土温度监测点,光纤光栅温度传感器安装在百叶箱内,如图 7-48 所示。

通过实时在线监测系统监测的主要技术指标是大体积混凝土浇筑施工过程中的混凝土内部温度及应力,上述每个试块的每个测点均需布置温度及应变传感器。本项目选择光纤光栅温度传感器和光纤光栅应变传感器。

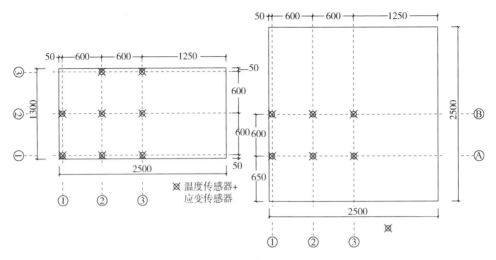

图 7-46 测点布置方案(尺寸单位:mm)

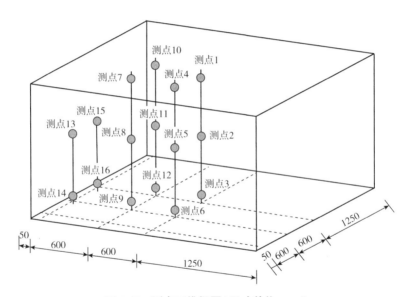

图 7-47 测点三维视图(尺寸单位:mm)

图 7-48 环境温度监测

第 7 章 健康监测技术的其他工程应用案例

光纤光栅传感器通过绑扎的方式安装。安装传感器后,可以直接进行混凝土的浇筑,传感器的安装方式如图 7-49 所示。

图 7-49 光纤光栅温度及应变传感器安装图

本项目针对混凝土温度及应力的监测需要持续整个混凝土的养护周期,监测时间长,因此选择在线实时监测系统监测 5 个混凝土试块从浇筑到养护结束的整个周期的内部温度及应力状态。整个监测系统主要由以下部分组成:光纤光栅应变传感器、光纤光栅温度传感器、光纤光栅解调仪、光缆、4G 发射模块、采集分析软件、工控机及相关配件组成。系统可实现 24h 全天候在线监测,数据采样频率为 1.0Hz,数据无线传输(网络良好的状态下),可从云端自动获取数据,可通过电脑、手机等终端设备实时查看混凝土内部的温度及应力状态,并可实现监测数据的处理分析。整个系统的示意图如图 7-50 所示,现场监测系统的外观如图 7-51所示。

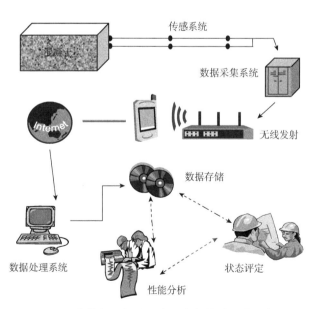

图 7-50 大体积混凝土温度及应力监测系统示意图

图 7-51 大体积混凝土温度及应力监测系统示意图

7.3.3 监测数据分析

7.3.3.1 不同配合比的混凝土温度监测数据对比

本项目设计实施了两种混凝土配合比试块的温度场及应力场的监测试验,其中一种配合比的水胶比为 0.40,另一种为 0.38,两种配合比的混凝土均在正常施工条件下施工。

通过在相应点位布置光纤光栅温度传感器和应变传感器,经过 73d 连续不间断的监测,获取了混凝土试块从浇筑到养护完成整个过程的温度变化数据及应变变化数据。其中,数据采集频率为 1Hz,足以实现整个过程中各种细微状态的数据采集,最终采集了 627 万个数据,对分析混凝土的温度及应力状态十分有效。

通过滤波、去噪、平滑等数据处理,获取了两种不同配合比状态下的温度及应力变化曲线,同时监测了整个混凝土固化过程的环境温度。环境温度变化曲线如图 7-52 所示,水胶比为 0.40 和水胶比为 0.38 的混凝土试块的核心区温度分别如图 7-53 和图 7-54 所示。

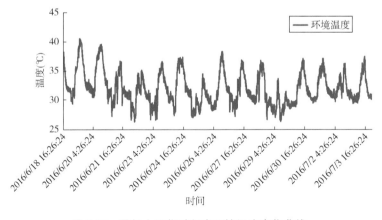

图 7-52 混凝土固化过程中环境温度变化曲线

第7章 健康监测技术的其他工程应用案例

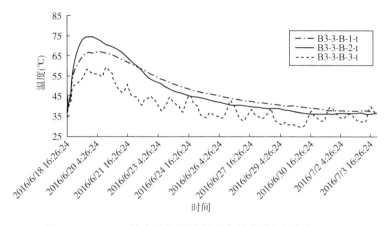

图 7-53 Block3 核心区位置的温度变化曲线（水胶比 0.40）

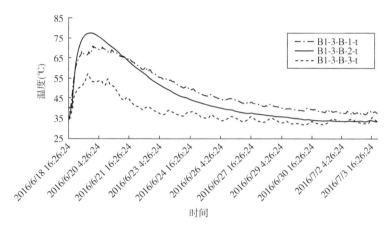

图 7-54 Block1 核心区位置的温度变化曲线（水胶比 0.38）

水胶比为 0.38 的混凝土试块（Block1）的核心区最高温度、最大温升、里表温差、最大降温速率均大于水胶比为 0.40 的混凝土试块（Block3）。因此，可以判断水胶比为 0.40 的混凝土配合比更利于大体积混凝土浇筑过程中的温度场控制，施工中应选择水胶比为 0.40 的混凝土进行高温地区大体积混凝土施工。

7.3.3.2 夜间施工的混凝土温度监测数据对比

根据三亚地区常年的气温统计数据及现场的具体施工时间，夜间施工选择在 20:00—22:00 进行。基于建立的长期在线监测系统，经过 71d 连续不间断的监测，获取了 Block4 从浇筑到养护完成整个过程的温度变化数据及应变变化数据。其中，数据采集频率为 1Hz，足以实现整个过程中各种细微状态的数据采集。通过滤波、去噪、平滑等数据处理步骤，获取了采用夜间施工方式的 Block4 在整个混凝土浇筑固化过程中的温度及应力变化曲线。由于温度变化较大的区间主要集中在混凝土浇筑后的 15d 内，后期基本平稳，因此，仅绘制监测前 15d 的数据，如图 7-55、图 7-56 所示。

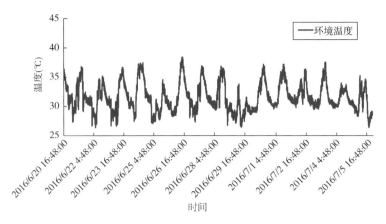

图 7-55 混凝土固化过程中环境温度变化曲线

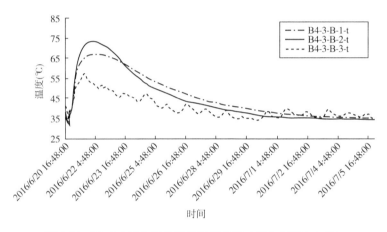

图 7-56 Block4 核心区位置的温度变化曲线(水胶比 0.40)

为了分析夜间施工对控制混凝土固化过程中温度场的有效性,采用数据对比的方式,将夜间浇筑施工的混凝土浇筑固化过程中监测到的温度及应力场数据与正常浇筑施工的混凝土试块(Block3)的温度场及应力场数据进行比对,从实际控制效果出发并综合考虑施工时间、成本等多重因素,综合评估夜间施工措施对南方高温地区大体积混凝土施工过程中的混凝土内部温度控制效果,给出施工建议。

现从混凝土固化过程中的最大温升、里表温差、表面与大气温差等几方面进行对比,查看夜间施工与正常施工在上述指标上的差异,以判定两种施工的优劣。

通过数据对比可知,夜间施工的混凝土试块(Block4)的核心区最高温度、表面温度、表面与环境温差均低于正常施工的混凝土试块(Block3),但两者最大温升相当,Block4 里表温差、最大降温速率均大于 Block3。因此,可以判断夜间施工措施对南方高温地区大体积混凝土施工中的混凝土温度控制在某些方面比白天正常施工有利,但在控制混凝土最大温升方面并没有表现出显著的效果,且混凝土的里表温差比白天正常施工还大。因此,在考虑综合施工成本

第7章 健康监测技术的其他工程应用案例

后,建议在南方高温地区大体积混凝土施工中,将白天正常施工方案作为优先考虑方案;当遇到极端高温天气时,可选择夜间施工的方式,以降低混凝土入模温度及核心区最高温度。

7.3.3.3 分层浇筑施工的混凝土温度监测数据对比

根据大体积混凝土浇筑施工工艺的要求并考虑振捣器的作用深度及混凝土的和易性,同时参考相关施工经验,确定分层浇筑的施工方法为:首先按照 0.6m 的厚度浇筑第一层,然后在第一层混凝土初凝之前浇筑剩余混凝土,即第二层混凝土;第二层混凝土与第一层混凝土的浇筑间隔为 53min。

在混凝土整个浇筑养护工程中,基于建立的长期在线监测系统,经过 73d 连续不间断的监测,获取了 Block2 从浇筑到养护完成整个过程的温度变化数据及应变变化数据。其中,数据采集频率为 1Hz,足以实现整个过程中各种细微状态的数据采集。通过滤波、去噪、平滑等数据处理步骤,获取了采用分层浇筑施工策略的 Block2 在整个混凝土固化过程中的温度及应力变化曲线。由于温度变化较大的区间主要集中在混凝土浇筑后的 15d 内,后期基本平稳,因此,仅绘制监测前 15d 的数据,如图 7-57、图 7-58 所示。

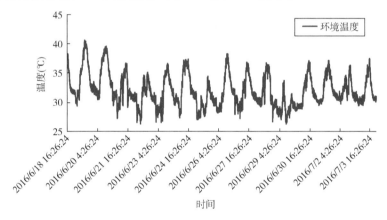

图 7-57 混凝土固化过程中环境温度变化曲线

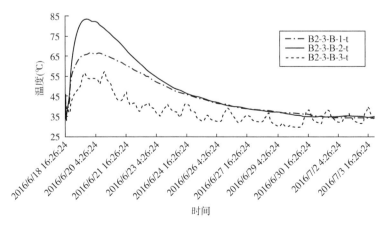

图 7-58 Block2 核心区位置的温度变化曲线(水胶比 0.40)

为了分析分层浇筑施工对控制混凝土固化过程中温度场的有效性,采用数据对比的方式,将采用分层浇筑施工的混凝土试块(Block2)浇筑固化过程中监测到的温度及应力场数据与正常浇筑施工的混凝土试块(Block3)的温度场及应力场数据进行比对,从实际控制效果出发并综合考虑施工时间、成本等多重因素,对分层浇筑施工措施在高温地区大体积混凝土施工过程中的混凝土内部温度控制效果进行综合评估,给出施工建议。

从混凝土固化过程中的最大温升、里表温差、表面与大气温差等几方面进行对比,查看分层浇筑施工与正常施工在上述指标上的差异,以判定分层浇筑施工对大体积混凝土温控效果的有效性。

将 Block2 的监测数据与 Block3 的监测数据相比可知,分层浇筑施工的混凝土试块(Block2)的核心区最高温度、最大温升、里表温差、最大降温速率均高于正常施工的混凝土试块(Block3),仅表面温度、表面与环境温差低于 Block3,可见,分层浇筑施工并没有改善混凝土内部的温度场分布,反而起到了一些反作用。因此,仅从数据上看,分层浇筑施工并不适用于南方高温地区大体积混凝土施工,并且施工成本高,施工周期长。

7.3.3.4 降低入模温度施工的混凝土温度监测数据对比

针对采用拌和水加冰的施工措施浇筑的混凝土试块(Block5),基于长期在线监测系统,开展混凝土固化过程中的温度及应力场的变化规律监测,监测的测点布置、传感器选型及监测系统组成详见第 7.3.2 节的相关介绍,监测方式、方法与 Block1、Block2、Block3、Block4 一致,Block5 的配合比与 Block3 一致。

采用拌和水加冰的施工策略进行混凝土试块浇筑的具体施工时间为 2016 年 6 月 21 日上午 11:10,当时的环境温度为 35.4℃。基于建立的长期在线监测系统,经过 70d 连续不间断的监测,获取了混凝土试块 Block5 从浇筑到养护完成整个过程的温度变化数据及应变变化数据。其中,数据采集频率为 1Hz,足以实现整个过程中各种细微状态的数据采集。通过滤波、去噪、平滑等数据处理步骤,获取了采用拌和水加冰施工方式的混凝土试块(Block5)在整个混凝土固化过程中的温度及应力变化曲线。由于温度变化较大的区间主要集中在混凝土浇筑后的 15d 内,后期基本平稳,因此,仅绘制监测前 15d 的数据,具体如图 7-59、图 7-60 所示。

为了明确拌和水加冰施工措施对控制混凝土固化过程中温度场的有效性,采用数据对比的方式,将采用拌和水加冰施工措施的混凝土试块固化过程中监测到的温度及应力场数据与正常浇筑施工的混凝土试块(Block3)的温度场及应力场数据进行比对,从实际控制效果出发并综合考虑施工时间、成本等多重因素,综合评估夜间施工措施对南方高温地区大体积混凝土施工过程中的混凝土内部温度控制效果,给出施工建议。

第7章 健康监测技术的其他工程应用案例

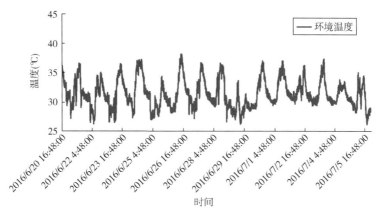

图 7-59 混凝土固化过程中环境温度变化曲线

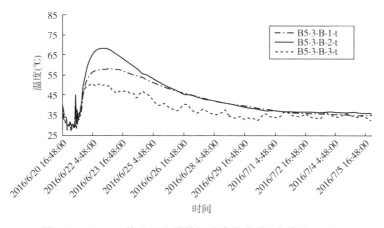

图 7-60 Block5 核心区位置的温度变化曲线(水胶比 0.40)

从混凝土固化过程中的最大温升、里表温差、表面与大气温差等几方面进行对比,分析拌和水加冰施工措施与正常施工在上述指标上的差异,以判定两种施工的优劣。将 Block5 的监测数据与 Block3 的监测数据相比可知,拌和水加冰施工的混凝土试块(Block5)的核心区最高温度、最大温升、表面温度、表面与环境温差均低于正常施工的混凝土试块(Block3),但两者最大温升、里表温差相当,Block5 最大降温速率大于 Block3。因此,可以判断拌和水加冰的施工措施在南方高温地区大体积混凝土施工中的混凝土温度控制方面比白天正常施工有利,且比夜间施工更为有利,但在控制混凝土最大温升方面并没有表现出特别突出的效果,且混凝土的里表温差比白天正常施工稍大。基于此,在考虑综合施工成本及施工难度的前提下,在南方高温地区进行大体积混凝土施工时,白天正常施工方案仍是首选的施工方案;但当遇到极端高温天气时,可选择采用拌和水加冰的施工方式进行大体积混凝土浇筑,以降低混凝土入模温度及核心区的最高温度。

7.3.4 结论

为了保证南方高温地区大体积混凝土浇筑的顺利开展,确保结构混凝土施工的质量,防止温度应力造成混凝土开裂现象的出现,本节从混凝土入模温度控制、混凝土浇筑时的内外温差控制、分层浇筑、配合比优化等施工控制策略方面开展了相关试验研究,设计并实施了 5 种不同施工措施下的混凝土试块的浇筑及混凝土固化过程的温度场和应力场长期在线监测。基于长期实时在线监测系统,获取不同施工策略下的混凝土内部温度及应力分布规律,通过数据的对比分析,分析了不同施工策略下温度及应力控制效果。

①基于结构健康监测的设计理念,针对正常施工、配合比优化、夜间施工、分层浇筑、拌和水加冰 5 种不同施工策略下的混凝土试块温度场及应力场的监测,设计高温地区大体积混凝土温度及应力长期在线监测系统,布置了相应测点,选择光纤光栅温度传感器和光纤光栅应变传感器。监测系统使用 1Hz 的采样频率,获取了完整、精确的温度及应力变化数据。

②基于两种配合比(水胶比分别为 0.40 和 0.38)的混凝土试块固化过程中的温度及应力数据,通过对比分析可知,水胶比为 0.38 的混凝土试块的核心区最高温度、最大温升、里表温差、最大降温速率均大于水胶比为 0.40 的混凝试试块,这一现象在应力场的数据对比分析中也得到了印证。因此,建议选择 0.40 的水胶比进行高温地区大体积混凝土施工。

③试验中,选择夜间施工和分层浇筑的施工策略,实现降低混凝土浇筑过程中内外温差的目的。通过将两种施工策略下的混凝土试块温度及应力数据与正常施工试块的数据进行对比分析可知,夜间施工的混凝土试块的核心区最高温度、表面温度、表面与环境温差均低于正常施工的混凝土试块(Block3),但两者最大温升相当,Block4 里表温差、最大降温速率均大于 Block3。因此,可以判断夜间施工措施对南方高温地区大体积混凝土施工中的混凝土温度控制在某些方面比白天正常施工有利,但在控制混凝土最大温升方面并没有表现出显著的效果,且混凝土的里表温差比白天正常施工还大。基于此,在考虑综合施工成本后,建议在南方高温地区进行大体积混凝土施工时,将白天正常施工方案作为优先考虑的方案。并且,分层浇筑施工的混凝土试块(Block2)的核心区最高温度、最大温升、里表温差、最大降温速率均高于正常施工的混凝土试块(Block3),仅表面温度、表面与环境温差低于 Block3,可见分层浇筑施工并没有改善混凝土内部的温度场分布,反而起到了一些反作用。因此,仅从数据上看,分层浇筑施工并不适用于南方高温地区大体积混凝土施工,并且施工成本高,施工周期长。上述现象在应力场的数据对比分析中也得到了印证。

④本项目的现场试验中采用了拌和水加冰的施工方式以达到降低混凝土入模温度的效果。通过将监测的温度及应力数据与正常施工的混凝土试块(Block3)比较可知,拌和水加

第7章 健康监测技术的其他工程应用案例

冰施工的混凝土试块（Block5）的核心区最高温度、最大温升、表面温度、表面与环境温差均低于正常施工的混凝土试块（Block3），拌和水加冰对降低入模温度、核心区最高温度、混凝土表面温度具有非常明显的效果，但两者最大温升、里表温差相当，且Block5最大降温速率大于Block3。因此，可以判断拌和水加冰的施工措施在南方高温地区大体积混凝土施工中的混凝土温度控制方面比白天正常施工有利，且比夜间施工更为有利，但在控制混凝土最大温升方面并没有表现出特别突出的效果，且混凝土的里表温差比白天正常施工稍大。基于此，在考虑综合施工成本及施工难度的前提下，在南方高温地区进行大体积混凝土施工时，白天正常施工方案仍是优选的施工方案。上述结论在应力场的数据对比分析中也得到了印证。

⑤通过在线监测数据发现，5个混凝土试块的最大降温速度均超过了2℃/d，这说明混凝土浇筑养护过程中降温期的保温措施不到位，导致混凝土核心区的降温速率过大，易造成混凝土的开裂。

综上所述，南方高温地区大体积混凝土施工中，水胶比为0.40的混凝土配合比更为适合；夜间施工和拌和水加冰施工在控制大混凝土温度场方面均有一定的有利效果，且拌和水加冰的方式比夜间施工的效果更为明显，但两者的效果并不突出；分层浇筑施工对混凝土的温度场控制并没有起到很好的效果，且有一定的反作用。因此，在综合考虑施工效果和施工成本后，白天正常施工方案仍是优选的施工方案；当遇到极端高温天气时，可选择采用夜间施工和拌和水加冰的措施，以降低混凝土入模温度及核心区的最高温度。同时，混凝土降温阶段的保温措施应进一步加强，以防止混凝土降温梯度过大导致混凝土开裂。

7.4 开孔沉箱波压力监测系统

7.4.1 工程概况

日照港石臼港区西区四期码头工程17~18号泊位码头长521m，19~21号泊位码头长720m，均为沉箱重力式结构。

四期码头工程胸墙自2014年3月15日开始施工。在建设过程中，发现现浇胸墙上部面层开裂，裂缝一般出现在胸墙浇筑完成后的3~14d，并发展较快，裂缝较宽且分布不规则，中间部分裂缝较长且呈现十字形。问题出现后，施工单位采取了多种方法进行处理，裂缝现象有所改善，但始终无法彻底解决现浇胸墙结构开裂问题，妨碍了工程建设的顺利进行，对后续运营产生安全隐患。

日照港石臼港区西区四期码头透空式沉箱上部现浇胸墙裂缝问题是工程实践中提出的

课题。通过研究,找到裂缝开裂的原因和机理,进而采取有效措施予以解决,将对保障后续工程建设的顺利实施起到积极促进作用。同时,可获得该区域精确度较高的近岸波浪荷载,为该区域近岸结构的设计受力计算和优化选型提供重要数据支持,对将来再建类似工程节省投资、保证建筑安全耐久起到关键作用。近岸水域波浪与结构相互作用问题一直是港口工程界较为关心的前沿课题,本研究采用原型观测与模型试验相结合的方法对开孔沉箱盖板波浪力进行研究,在国内尚属首次,预期成果将对技术创新、规范修订、行业发展起到积极的推动作用。

为此,进行现场波浪、潮位和沉箱盖板顶托力观测,是研究的重要内容,可为后期相关研究提供基础数据。

7.4.2 监测方案设计

采用实时监测的技术手段,对开孔沉箱盖板底部波浪力进行测定,找出波浪与沉箱盖板受力的关系。在沉箱盖板底部布设动态压力传感器,以单片机为数据处理核心,利用4G网络进行数据传输,实时传输至后方接收端。测定盖板底部所受波浪力过程,以验证胸墙开裂数值模拟计算结果,并为物理模型试验提供修正条件。

波浪观测点位于取水口东侧,南北两岸码头拐角连线以东约150m,平均水深约为16m。潮位观测点位于取水口以南码头拐角处,依托现有悬梯进行固定。波浪和潮位测点位置如图7-61所示。波压力测点位置如图7-62所示。

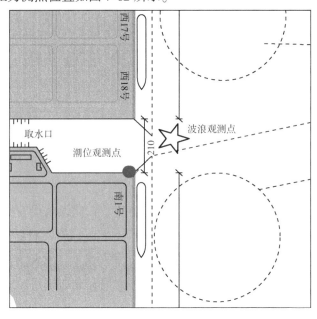

图7-61 波浪和潮位观测位置图(尺寸单位:mm)

第7章 健康监测技术的其他工程应用案例

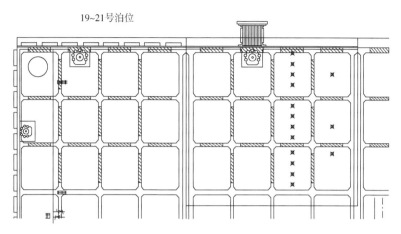

图 7-62 波压力测点位置图

波浪力监测传感器采用光纤光栅压力传感器,安装在开孔沉箱的盖板下方,通过光缆将其与光纤光栅解调仪相连。传感器安装如图 7-63 所示。

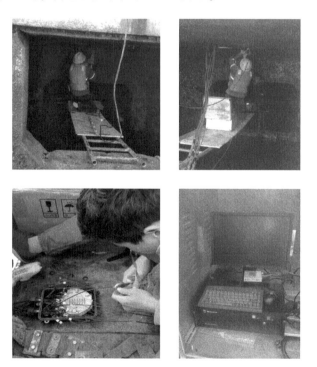

图 7-63 压力传感器安装

7.4.3 监测数据分析

开孔沉箱波浪力监测自 2014 年 4 月 8 日 15 时正式开始,2014 年 6 月 7 日 8 时结束,共计 67d。顶托力测点分 2 排布置于沉箱隔仓盖板底部,每仓 5 个,共计 15 个。其中,16~19

号及28号位于前仓,20~23号及29号位于中仓,24~27号及30号位于后仓。采样间隔为1s,数据量共计7000万个。测点布置如图7-64所示。

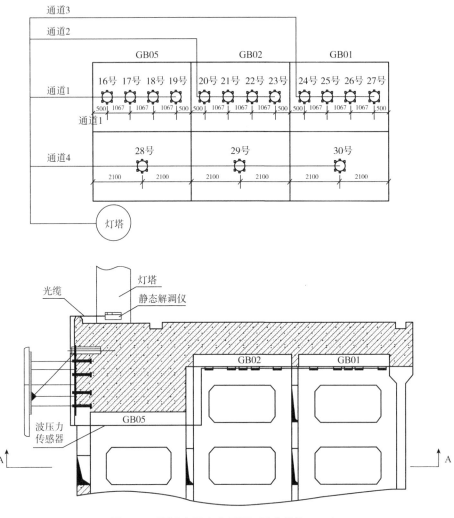

图7-64 顶托力测点布置图(尺寸单位:mm)

7.4.3.1 波浪力单日分布规律

由于盖板底高程+4.6m是固定不变的,故当波峰面高程低于+4.6m时,认为盖板受力为0。潮位过程随时间而有涨有落,当潮位较低时,认为盖板不受顶托力。由于采样间隔为1s,时间序列较长时数据量较大,因此首先以10min为统计间隔,对区间内顶托力最大值进行统计。以2014年4月9日全天压力测点数据为例,潮位和25号测点顶托力随时间变化过程如图7-65所示,24~27号测点顶托力随时间变化过程如图7-66所示,顶托力最大值和平均值统计结果见表7-9。

第7章 健康监测技术的其他工程应用案例

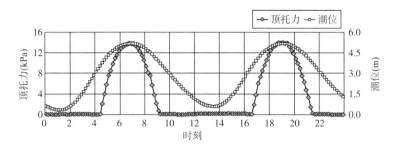

图 7-65 2014 年 4 月 9 日后仓 25 号测点顶托力和潮位随时间变化过程

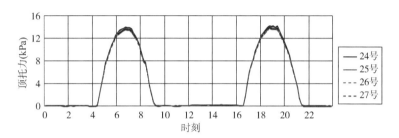

图 7-66 2014 年 4 月 9 日 24~27 号测点顶托力随时间变化过程

2014 年 4 月 9 日后仓各测点顶托力平均值和最大值统计结果（单位：kPa）　　表 7-9

测点	24 号	25 号	26 号	27 号
平均值	8.58	8.54	8.24	8.41
最大值	14.20	14.00	13.70	13.90

由上述图表和统计结果可知，2014 年 4 月 9 日全天 24h 内，潮位及顶托力过程具有以下特点：

①潮位过程呈现"两高两低"特点，即潮型为不规则半日潮。两次高潮位约为+5.2m，两次低潮位约为+0.5m。

②受潮位涨落影响，顶托力也呈现出两次受力过程，且顶托力增长过程与潮位升高过程一致。在潮位最高时，顶托力也到达峰值。

③顶托力开始产生的时刻，并不是潮位升至+4.6m 的时刻。换言之，在潮位到达+4.6m 之前，盖板已经开始受力。两次受力开始的时刻，潮位均在+3.5m 左右。

④沉箱同一隔仓内，不同测点的顶托力过程几乎重合，平均值和最大值也较为接近。即同一隔仓内不同测点的顶托力差别不大。因此，后续分析可挑选典型测点，对顶托力进行深入统计分析。

7.4.3.2 盖板全部受力过程及典型过程分析

在对顶托力进行单日分布规律分析的基础上，以顶托力 0.2kPa 为阈值，对盖板受力的时间过程进行提取。结果表明,整个观测期间(60d)共有 115 个受力过程。受力起始潮位和过程时长如图 7-67 和图 7-68 所示。起始潮位和时长特征值见表 7-10。

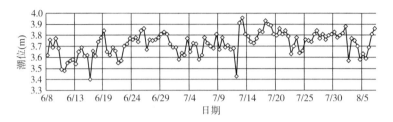

图 7-67　盖板受力起始潮位

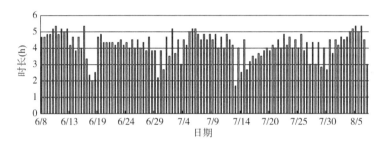

图 7-68　盖板受力过程时长

统计表明,沉箱盖板受力起始潮位最低为+3.4m,最高为+3.96m,平均为+3.72m;受力时长最短为 1.7h,最长为 5.3h,平均 4.2h。

受力过程起始潮位和时长特征值　　表 7-10

受力段时间参数	最低	最高	平均	备注
受力起始潮位(m)	+3.4	+3.96	+3.72	日照港理论最低潮面
受力时长(h)	1.7	5.3	4.2	

对盖板受力时间过程进行提取后,选择 4 个典型受力过程进行分析,结果见表 7-11。顶托力、潮位和波高三因素同步过程如图 7-69 所示。由图可知,盖板受力随潮位升高而增大,在最高潮位附近达到最大值。

典型受力过程统计结果　　表 7-11

序号	时　间　段	顶托力最大值(kPa)	出　现　时　刻
1	4 月 8 日 15:50—20:40	13.1	18:10
2	4 月 11 日 5:40—11:00	16.4	8:10
3	5 月 6 日 14:20—19:50	15.2	16:50
4	6 月 5 日 2:00—8:40	16.9	5:20

第7章 健康监测技术的其他工程应用案例

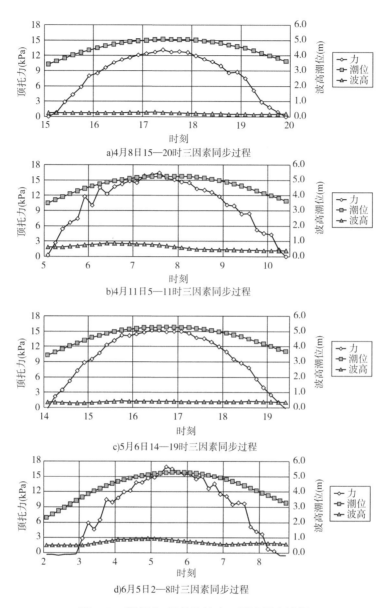

图 7-69 顶托力、潮位和波高三因素同步过程

7.4.3.3 盖板短时长 20~30min 受力过程分析

由于波高的周期为 3~5s,以 10min 为时间间隔分析较长时段的盖板受力,不能反映波高的影响。因此,本研究将分析时长进一步缩短,对短时间内盖板受力进行分析。以 2014 年 4 月 11 日 6:20—6:40 为例,潮位由 4.28m 逐步涨至 4.60m。波高为 0.7~0.77m。顶托力随时间变化过程如图 7-70 所示。20min 内 16~27 号测点受力最大值和平均值如图 7-71 所示。

由图可知,盖板受力总趋势是缓慢上升的,表明潮位逐渐升高导致受力增加。同时,受力围绕趋势线有一定振幅的波动,振幅 8~10kPa,与波高振幅较为接近,表明在潮位作用的基础上,波浪对盖板受力有冲击作用。

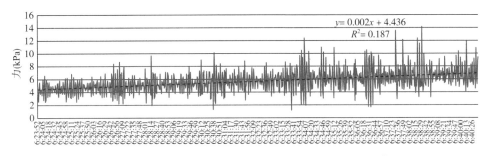

图 7-70　2014 年 4 月 11 日短时间内 20min 顶托力随时间变化

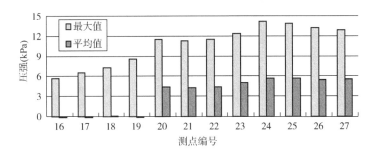

图 7-71　2014 年 4 月 11 日短时间内 20min 顶托力随时间变化

20min 内前仓平均压强为 0.03kPa,中仓平均压强为 4.6kPa,后仓平均压强为 5.6kPa;盖板受力规律表现为:后仓>中仓>前仓。

自 6:25 开始,以 30min 为时间段,给出受力随时间变化过程,如图 7-72 所示。

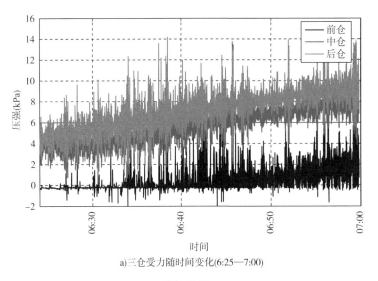

a)三仓受力随时间变化(6:25—7:00)

图　7-72

第7章 健康监测技术的其他工程应用案例

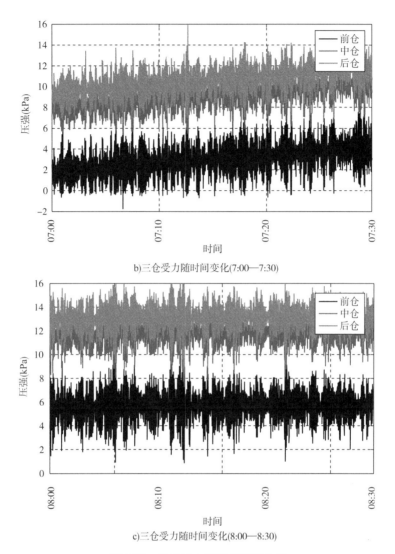

b)三仓受力随时间变化(7:00—7:30)

c)三仓受力随时间变化(8:00—8:30)

图7-72 三仓受力随时间变化曲线

由图可知,盖板受力自6:30左右开始,随时间逐渐增大,至8:10左右达到最大值。在此过程中,三仓受力始终表现为:后仓>中仓>前仓。

7.4.3.4 盖板中时长4.5h受力过程分析

以2014年4月11日6:30—11:00为例,潮位由4.45m逐步涨至5.26m又落至3.60m,波高由0.73m涨至0.85m又落至0.37m。盖板受力随时间变化过程如图7-73所示,图中,时间间隔为1min,粗线代表平滑值。16~27号测点受力过程(时间间隔1s)如图7-74所示。

由图可知,盖板受力规律表现为:后仓>中仓>前仓。在同一仓的4个位置,受力过程线几乎重合,表明压强差别很小。

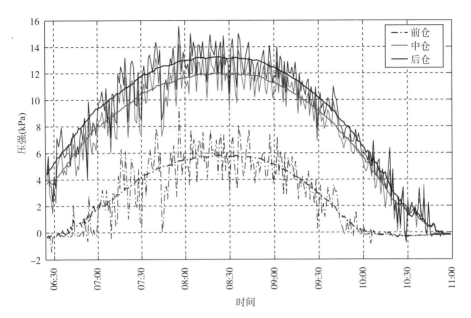

图 7-73 盖板受力随时间变化过程

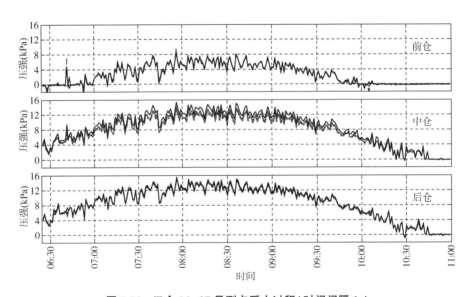

图 7-74 三仓 16~27 号测点受力过程(时间间隔 1s)

7.4.3.5 盖板大时长 60d 受力过程分析

对整个观测期间(60d)的盖板受力随时间变化进行分析,时间间隔为 10s,结果如图 7-75 和表 7-12 所示。结果表明,整个观测期间内,三仓各测点最大压强为 16.9kPa,位于后仓。三仓最大压强平均值为:前仓 12.98kPa,中仓 15.40kPa,后仓 16.55kPa。表现为后仓>中仓>前仓。

第7章 健康监测技术的其他工程应用案例

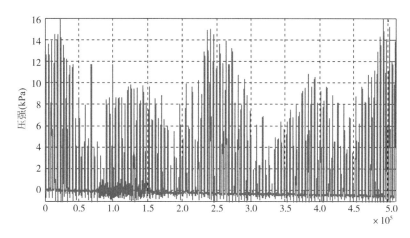

图 7-75 后仓 60d 内受力过程(时间间隔 10s)

三仓各测点 60d 内受力最大值　　　　　　　　　　　　表 7-12

测点编号	受力最大值(kPa)	单仓平均(kPa)	位　置
16	13.2	12.98	前仓
17	11.6		
18	12.3		
19	14.8		
20	15.2	15.40	中仓
21	14.7		
22	14.9		
23	16.8		
24	16.7	16.55	后仓
25	16.9		
26	16.0		
27	16.6		

7.4.4 结论

首次采用互联网+光纤传感技术建立了开孔沉箱波浪力监测系统,实现了开孔沉箱波浪力实时在线监测。经 2 个月的实时在线监测,获得了精确的波浪力监测数据。经数据分析可知,顶托力开始产生的时刻在潮位达到顶板高程之前,即波浪作用使得顶托力的作用时间延长,使沉箱的受力增大;同时,波浪力的作用使得沉箱盖板受力在潮位受力趋势线附近上下波动,增大了盖板受力作用。

①受潮位涨落影响,24h 内盖板顶托力也呈现两次受力过程,且顶托力增长过程与潮位升高过程一致,在潮位最高时顶托力也到达峰值。

②顶托力开始产生时刻并不是潮位升至+4.6m 的时刻。换言之,在潮位到达+4.6m 之前,盖板已经开始受力。盖板受力起始潮位最低为+3.4m,最高为+3.96m,平均为+3.72m;受力时长最短为 1.7h,最长为 5.3h,平均为 4.2h。

③沉箱同一隔仓内,不同测点的顶托力过程几乎重合,平均值和最大值也较为接近。即同隔仓内不同测点的顶托力差别不大。

④盖板受力总趋势是缓慢上升的,表明潮位逐渐升高导致受力增大。同时,受力围绕趋势线有一定振幅的波动,与波高振幅较为接近,表明在潮位作用的基础上,波浪对盖板受力有冲击作用。

⑤三仓受力始终表现为:后仓>中仓>前仓。整个观测期间内,三仓各测点最大压强为 16.9kPa,位于后仓。前仓、中仓、后仓最大压强平均值分别为 12.98kPa、15.40kPa、16.55kPa。

7.5　本章小结

本研究提出的基于互联网+光纤传感技术+BIM 模型三维信息显示技术的港口水工建筑物全寿命周期健康监测技术,已在天津港南疆 27 号通用码头工程、天津港 22~24 号泊位码头改造后的运作安全监测、日照港石臼港区的开孔沉箱波压力监测、三亚凤凰岛邮轮母港大体积混凝土温度及应力监测方面得到了成功应用,均取得了良好的效果,得到了业主的一致好评,为港口水工建筑物全寿命周期健康监测技术的发展积累了丰富的工程经验,为水运工程结构健康监测技术水平的提升探索了一条新的道路。

第8章 基于阳极梯传感器的港口水工建筑物混凝土耐久性监测方法与应用

8.1 引 言

氯离子侵蚀和混凝土碳化均会对暴露在腐蚀环境中的混凝土结构造成严重破坏,例如,氯离子会引起沿海地区及潮汐区混凝土结构的钢筋锈蚀[22-23]。大量的港口水工建筑物,如码头、跨海桥梁、堤坝等结构受到海水氯离子的侵蚀而发生破坏,以致必须修复或重建[24]。目前,维修费是港口水工结构维护开支的主要部分。

服役于海洋环境下的码头、跨海桥梁等钢筋混凝土结构,由氯化物引起钢筋锈蚀导致的混凝土开裂比混凝土碳化作用所引起的混凝土开裂更为严重。氯离子侵蚀使钢筋锈蚀加快,是影响海洋环境下混凝土结构耐久性的主要因素,并已引起工程界和学术界的广泛关注。由氯化物侵蚀引起的海洋环境中钢筋混凝土结构的典型破坏如图8-1所示。

图8-1 由氯化物引起的港口水工结构的典型耐久性破损

在港口工程中,尽管氯离子对结构的侵蚀造成了相当大的经济损失,但目前对于此类结构的建设需求并没有减少,甚至很多结构的设计使用寿命达到100年及以上,如我国的港珠澳大桥和杭州湾大桥,这就对钢筋混凝土结构的耐久性提出了更严格的要求。然而,目前还没有一种通用的可靠度设计理论可以保证混凝土结构能够服役100年或更长时间[25]。因此,为了使混凝土结构具有更长的服役寿命,现在普遍采用耐久性设计和再设计的原则,即在混凝土结构服役期间基于监测手段获取混凝土结构的实际耐久性信息,对监测中发现的不满足设计要求的部分采取进一步的措施以保证混凝土结构的耐久性要求[26-27]。因此,有必要通过监测收集混凝土结构的耐久性数据,在钢筋锈蚀过程开始前采取预防措施[28-30],从而既保证结构的耐久性要求,又降低维护成本。一般情况下,当钢筋开始锈蚀后,修复措施的费用随时间急剧增加。混凝土结构耐久性维护费符合"五倍定律",即轻微损坏的维修费是预防措施费的约5倍。所以,对服役于海洋环境的混凝土结构进行耐久性监测具有重要意义。因此,在近几十年里,科研人员投入了大量的精力发展无损检测以及结构健康监测技术和方法,以对混凝土结构进行客观评估。多种无损检测技术方法,如超声波检测、探地雷达检测、半电池电位法检测等被提出,某些手段已被广泛应用于混凝土结构的检测[31]。但是,现有的现场检测方法(如半电池电位法)仅能判断局部发生锈蚀的概率而不能确定开始锈蚀的时间,而阳极梯传感器则可以监测钢筋开始锈蚀的时间。基于传感器的自动化监测比常规的现场检测更具成本效益,特别是在难以进行现场检测的地区。基于监测数据,可在钢筋锈蚀前及时采取防护措施,降低维护成本。

阳极梯系统已经在许多混凝土结构(主要是桥梁)中得到了应用,但是对于港口高桩码头耐久性监测的应用研究还不多。对于服役于海水环境的港口码头结构,由氯离子渗透引起的耐久性问题更加突出,结构耐久性监测更为重要。本书的目的是设计、部署一套基于阳极梯传感器的长期耐久性监测系统,对天津港南疆27号通用码头结构进行耐久性监测。耐久性监测系统的主要功能是基于阳极梯传感器收集钢筋混凝土结构的宏电池电势、电流、电阻及温度,以评估混凝土结构的钢筋锈蚀风险。

8.2 理论背景

8.2.1 混凝土内的钢筋锈蚀原理

一般情况下,混凝土中的钢筋具有良好的耐腐蚀性,因为混凝土内部属于高碱性环境(其pH值在12.5~13.5之间)。在高碱性环境下,钢筋表面会形成一层薄的氧化层,称为钝化膜,可以使钢筋的锈蚀损失量降低至可以忽略的程度。通常这种钝化状态在钢筋混凝

第8章 基于阳极梯传感器的港口水工建筑物混凝土耐久性监测方法与应用

土结构的整个服役寿命中是稳定的。然而,由于各种原因,如氯离子渗透或混凝土碳化,会破坏覆盖在钢筋表面的钝化膜,最后造成钢筋从钝化态变为活化态(即脱钝)。随后,钢筋周围的水、氧气以及氯离子与钢筋中的铁发生反应,导致钢筋锈蚀。随着钢筋锈蚀的逐渐加剧,混凝土会因钢筋锈蚀膨胀而出现裂缝,以致剥落,最终混凝土结构发生严重破坏[32]。

钢筋锈蚀是一个复杂的电化学反应,涉及多个步骤,最后铁元素形成氢氧化铁[$Fe(OH)_3$],而氢氧化铁会转变为水合氧化铁($Fe_2O_3 \cdot H_2O$),即铁锈。钢筋锈蚀的电化学反应如图8-2所示[12]。

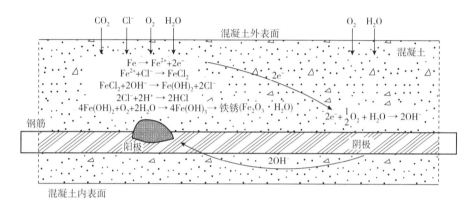

图8-2 钢筋在混凝土中的锈蚀过程和电化学反应

混凝土碳化是指二氧化碳(CO_2)与混凝土孔隙溶液中的碱性物质发生化学反应,使pH值降低到10以下的过程,是造成混凝土腐蚀的原因之一。然而,根据现场检测经验,服役于海洋环境的港口工程混凝土结构中钢筋锈蚀的主要原因是氯离子的渗透。因此,本书的研究集中于氯离子引起的钢筋锈蚀方面。由图8-2可知,氯离子入侵也会导致pH值的下降,当孔隙水溶液中氯含量超过临界值时,钢筋开始脱钝、生锈。

氯离子引起混凝土内部钢筋锈蚀的过程类似于电池的电化学反应过程,可以用图8-3所示的简化电路模型来描述。钢筋表面不同的部分分别作为电池的阳极和阴极。在钢筋阳极处,铁(Fe)失去电子变成铁离子(Fe^{2+}),其很容易与氯离子(Cl^-)结合形成$FeCl_2$溶液,成为铁离子的载体,进而引起阳极去极化,加速钢筋的阳极反应过程。在钢筋阴极处,电子、水和氧转化为羟基离子(OH^-)。阴极的反应不会引起钢筋的任何劣化。相反,它对钢筋起到保护作用,称为阴极保护。然后,在电解质中,基于阳极和阴极之间产生的电场,羟基离子(OH^-)带着负电荷离子从阴极向阳极移动。在阳极附近,它与溶液中的铁离子反应形成氢氧化亚铁[$Fe(OH)_2$],同时氯离子(Cl^-)被释放,并重复上述过程。随后,氢氧化亚铁[$Fe(OH)_2$]与氧气(O_2)和水(H_2O)反应,生成氢氧化铁[$Fe(OH)_3$],最后形成铁锈[31,33]。一般情况下,铁锈体积是同质量铁体积的3~6倍,当钢筋锈蚀后,混凝土因膨胀而开裂剥落。

上述表明,港口工程混凝土结构中钢筋的锈蚀主要是由氯离子侵蚀引起的。此外,服役于海水环境中的混凝土结构内部钢筋的脱钝阈值被称为临界氯离子浓度锋线。因此,如果能够适当收集氯离子在混凝土中的渗透行为,如氯离子临界浓度锋线的位置及迁移速率,就可以对钢筋在混凝土中的锈蚀时间进行预测。由于钢筋开始锈蚀后,产生的维修费用随着时间的推移急剧增加,因此,若能根据预测结果及时采取必要的防护措施,可大幅降低港口工程混凝土结构的维护成本。

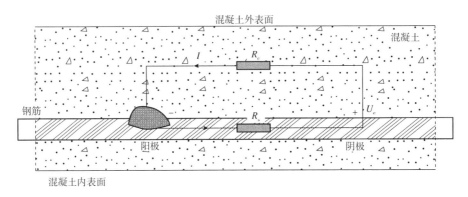

图 8-3 混凝土中钢筋锈蚀的简化电路模型

8.2.2 阳极梯传感器

Bashear 基于混凝土结构的腐蚀理论,提出了混凝土退化模型来预测混凝土结构的性能退化,并强调了渗透性对混凝土退化的影响[34]。Glass 指出氯离子引起的钢筋锈蚀是影响混凝土结构耐久性的主要因素[35]。Ahmad 总结了钢筋的锈蚀机理、钢筋的锈蚀监测技术以及利用经验模型和试验技术预测结构剩余使用寿命的方法,并指出氯离子引起的腐蚀是影响钢筋混凝土结构耐久性的主要因素[36]。尽管早期开发了许多新型的测试系统和修复材料来修复混凝土结构的破损以提高其耐久性,但很多测试系统并不能确定钢筋开始锈蚀的时间。因此,Raupach 在 1986 年研制了阳极梯传感器,其可以监测混凝土中钢筋开始锈蚀的时间,并在 1990 年成功应用于混凝土结构中钢筋锈蚀状态的监测,为钢筋混凝土结构的耐久性再设计提供了技术手段[32,37-38]。Raupach 利用阳极梯系统监测了氯离子在混凝土结构中的渗透深度,并且基于监测数据可以预测钢筋的锈蚀状态[29]。随后,Zhang、Jin 和 Fang 将阳极梯系统应用于沉管隧道、码头等水工建筑物中,以监测混凝土结构的耐久性[39-41]。基于阳极梯传感器的钢筋混凝土结构耐久性监测可以确定钢筋的脱钝阈值。因此,该方法对于监测沿海高桩码头结构的耐久性状态,预测钢筋锈蚀时间是非常有效的。

天津港南疆 27 号通用码头的结构耐久性监测使用的阳极梯传感器为德国制造,该阳极梯系统包括埋置于混凝土中的阳极梯、外部测试接口和专用的数据采集设备。阳极梯传感

第8章 基于阳极梯传感器的港口水工建筑物混凝土耐久性监测方法与应用

器组件为阳极梯、阴极、参比电极、阳极钢筋棒(CR)、温度探头(PT1000),如图 8-4 所示。阳极梯中有 6 根碳钢制成的阳极,分别命名为 $A_1,A_2,\cdots,A_6$。阳极梯埋设于混凝土保护层内,通过调节支架斜度,使 6 个阳极嵌入混凝土保护层的不同深度内[42]。该传感器基本的测试原理是将电极放置在相对于混凝土表面的不同深度,逐个监测这些电极开始锈蚀的时间。通过测量阳极在不同深度下的宏电池电势、电流、电阻和温度等参数,可以确定氯离子在混凝土中的扩散深度。然后,基于监测数据可以预测钢筋的锈蚀开始时间,如图 8-5 所示。

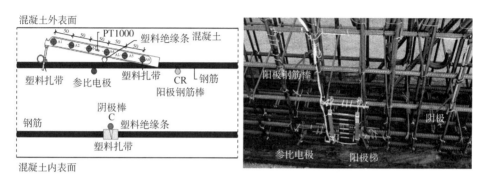

图 8-4 阳极梯传感器及其安装示意图(尺寸单位:mm)

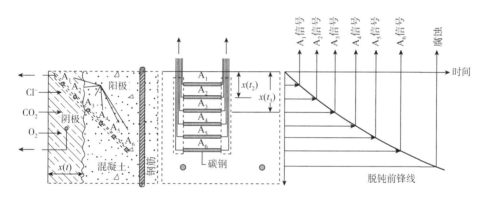

图 8-5 判断钢筋开始锈蚀时间的基本准则

根据阳极梯传感器的设计,在浇筑混凝土前,将由铂制成的阴极(Pt)、二氧化锰参比电极(MnO_2)和阳极钢筋棒设置在阳极梯附近,将温度探头(PT1000)封装在梯形中。在相同的温度下,阳极的宏电池参数可分为五类:单个阳极与阴极之间的宏电池参数、单个阳极与参比电极之间的宏电池参数、单个阳极与阳极钢筋棒之间的宏电池参数、两个相邻阳极之间的宏电池参数以及环境温度。采集具体监测数据时,采集的数据包括混凝土试件的宏电池电势、宏电池电流、电阻和温度。宏电池电势为各个阳极相对于阴极、参考电极和阳极钢筋棒(表 8-1~表 8-3 中简称为 CR)的电压值。宏电池电流为各个阳极相对于阴极和内部阳极钢筋棒的电流值,而电阻是阳极之间的混凝土电阻值。每次试验采集 40 个参数,参数的定义见表 8-1~表 8-3。

阳极梯传感器采集的电压值　　　　表 8-1

编号	监测值	描述	编号	监测值	描述	编号	监测值	描述
1	U_1	A_1 与阴极之间的电压	8	U_1'	A_1 与参比电极之间的电压	15	U_1''	A_1 与 CR 之间的电压
2	U_2	A_2 与阴极之间的电压	9	U_2'	A_2 与参比电极之间的电压	16	U_2''	A_2 与 CR 之间的电压
3	U_3	A_3 与阴极之间的电压	10	U_3'	A_3 与参比电极之间的电压	17	U_3''	A_3 与 CR 之间的电压
4	U_4	A_4 与阴极之间的电压	11	U_4'	A_4 与参比电极之间的电压	18	U_4''	A_4 与 CR 之间的电压
5	U_5	A_5 与阴极之间的电压	12	U_5'	A_5 与参比电极之间的电压	19	U_5''	A_5 与 CR 之间的电压
6	U_6	A_6 与阴极之间的电压	13	U_6'	A_6 与参比电极之间的电压	20	U_6''	A_6 与 CR 之间的电压
7	U_7	CR 和阴极之间的电压	14	U_7'	CR 与参比电极之间的电压			

阳极梯传感器采集的电流值　　　　表 8-2

编号	监测值	描述	编号	监测值	描述
1	I_1	A_1 与阴极之间的电流	8	I_1'	A_1 与 CR 之间的电流
2	I_2	A_2 与阴极之间的电流	9	I_2'	A_2 与 CR 之间的电流
3	I_3	A_3 与阴极之间的电流	10	I_3'	A_3 与 CR 之间的电流
4	I_4	A_4 与阴极之间的电流	11	I_4'	A_4 与 CR 之间的电流
5	I_5	A_5 与阴极之间的电流	12	I_5'	A_5 与 CR 之间的电流
6	I_6	A_6 与阴极之间的电流	13	I_6'	A_6 与 CR 之间的电流
7	I_7	CR 与阴极之间的电流			

阳极梯传感器采集的电阻值　　　　表 8-3

编号	监测值	描述
1	R_1	A_1 与 A_2 之间的电阻
2	R_2	A_2 与 A_3 之间的电阻
3	R_3	A_3 与 A_4 之间的电阻
4	R_4	A_4 与 A_5 之间的电阻
5	R_5	A_5 与 A_6 之间的电阻
6	R_6	A_6 与 CR 之间的电阻
7	T	混凝土环境温度(PT1000)

8.2.3　混凝土结构耐久性评估方法

基于实验室测试的结果,将埋置于干燥混凝土中的阳极相对于阴极短路 5s 后的内电压值达到 150mV、电流值达到 15μA 作为通常情况下判定阳极活性态的极限值,当传感器处于潮湿的环境(如海洋环境)时,该极限值可能更大[29,43]。这一结论可用于判断阳极是否处于活性态,并预测与钢筋锈蚀相关的临界深度。

第8章 基于阳极梯传感器的港口水工建筑物混凝土耐久性监测方法与应用

判定钢筋锈蚀状态的另一个标准是 ASTM C876-09 提出的半电池电位检测法[44]。该方法在湿混凝土表面使用铜-硫酸铜半电池来测量与混凝土外表面有关的钢筋的半电池电位。根据 ASTM C876-09 标准,如果半电池电位小于-0.35V,则钢筋处于活性锈蚀状态的概率为 90%以上;若半电池电位为正或在-0.35~-0.2V 之间,则无法从测量结果判定钢筋的锈蚀状态;若半电池电位在-0.2~0V 的范围内,钢筋发生锈蚀的概率小于10%。这些准则可用于阳极梯监测数据的分析和钢筋锈蚀风险的评价,具体见表8-4。

钢筋锈蚀的可能性判定　　　　表 8-4

半电池电势(V)	小于-0.35V	-0.35~-0.2V 或大于0V	大于-0.20V 且小于0V
该区域钢筋锈蚀可能性	大于90%	无法确定	小于10%

8.3 阳极梯系统在新建高桩码头的应用

8.3.1 工程概况

天津港南疆 27 号通用码头是天津港于 2016 年开工建设的高桩码头,码头结构基于 300000DWT 散货船设计,主要用于散货运输。码头长 390m,宽 75m,由一个 390m 的主码头平台和两座 73.3m 的侧向引桥三个部分组成。主码头段由 9 个 65m 宽的结构段组成,根据使用要求分为前承台和后承台。前承台宽 36.5m,后承台宽 38.5m,每个结构段均相同。设计的阳极梯系统布置在码头的第二结构段,码头结构图如图 8-6 所示。为了组成结构耐久性监测(SDM)系统,在图 8-6 中标记处设置了两个阳极梯传感器。利用这些传感器,可以实时监测混凝土内钢筋的锈蚀状态。

8.3.2 阳极梯传感器安装以及数据采集

天津港南疆 27 号通用码头结构耐久性监测使用的阳极梯传感器分别安装在后承台的横梁和前承台轨道梁上,梁均采用高性能 C45F300 混凝土预制。阳极梯传感器全部设置在梁侧面底部的混凝土保护层内,均位于码头的浪溅区。布设传感器时,首先将传感器安装在钢筋笼上,然后进行混凝土浇筑和养护。养护完成后,将预制试件运至现场安装。码头面层施工过程中,将传感器终端盒埋入混凝土中,用不锈钢外壳保护。不锈钢保护壳表面与码头面层上表面平行。打开壳体上盖后,即可看到传感器终端盒,通过专用设备进行数据采集。阳极梯传感器安装、保护及现场数据采集如图 8-7 所示。

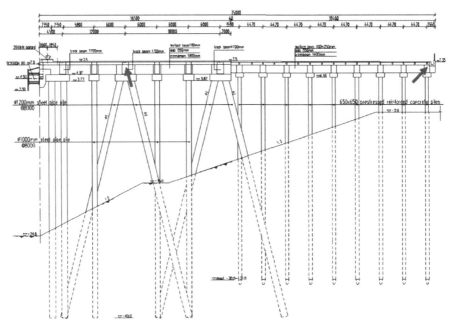

图 8-6 天津港南疆 27 号码头横截面（尺寸单位：mm。高程单位：m）

图 8-7 天津港阳极梯传感器安装和现场数据采集（尺寸单位：mm。高程单位：m）

码头竣工后开始采集阳极梯传感器数据。天津港南疆 27 号通用码头主体结构于 2017 年 10 月完成。本项目阳极梯传感器数据采集工作始于 2017 年 10 月，每间隔 14d 采集数据一次，数据采集时短路时间设置为 5s。截至 2021 年 10 月，使用 HMG7 采集设备已连续采集数据 4 年。

第8章 基于阳极梯传感器的港口水工建筑物混凝土耐久性监测方法与应用

8.4 监测数据分析

通过阳极梯传感器获得的监测数据包括电压、电流、电阻、温度等。根据前述评价方法和厂家提供的技术参数,监测采集到的电流值通常用来判定阳极是否处于脱钝或锈蚀状态。厂家提供的标准是如果测量到的阳极和阴极之间的电流远小于15μA,则可以判定埋在干混凝土中的阳极处于钝化状态;如果测量到的电流大于15μA,则认为相应的阳极处于活性状态[21]。然而,当阳极梯传感器设置在潮湿的环境(比如海洋环境)中时,其极限值可能会较大。并且在这种情况下,没有统一的电流值、电压和电阻值的判定标准。本书对两个阳极梯传感器连续4年的监测数据进行了分析,重点分析了电流值,并对电压、电阻、温度值进行了相关分析,这对了解码头前后承台在服役过程中的耐久性状态变化很有必要。并且,基于监测数据的综合分析,可以了解氯离子渗透速率和钢筋的锈蚀状态。

8.4.1 前承台监测数据分析

安装在前承台轨道梁上的阳极梯传感器距码头前沿16.5m,距离海面4.5m。经过数据处理,各个阳极相对于阴极和钢筋的电流值随时间的变化曲线如图8-8和图8-9所示。从图8-8中可以看出,在无视电流方向的情况下,2018年4—7月,阳极A_1和A_2相对于阴极的电流值均超过了15μA,在排除一些跳变点之后可以观察到A_1和A_2相对阴极的电流值在随后的几个月里逐渐恢复到10μA。如果根据电流大于15μA则判定阳极脱钝的标准,可以初步判定在2018年4—7月,阳极A_1和A_2处于脱钝状态。这意味着氯离子已经渗透到阳极A_2的深度。然而,根据接下来几个月的监测数据可知,A_1和A_2相对于阴极的电流值又恢复到小于15μA水平,据此又可判定阳极处于钝化状态。显然,这两个结论是矛盾的。为了理解这一矛盾,将采集的温度数据纳入考虑。从图8-8中可以看出,2018年4—7月,温度持续升高,阳极A_1、A_2相对于阴极的电流值大于15μA,之后随着温度的下降,电流值又回到15μA以下。作者认为造成这一矛盾的原因是环境温度的变化,因此,并不能完全根据2018年4—7月期间大于15μA的电流值就确定阳极A_1和A_2脱钝。此外,轨道梁涂有防腐物质,氯离子渗透深度不可能达到A_1和A_2所处的位置,这也可以通过现场检测确认。从现场检查来看,没有防腐涂层破损的迹象。因此,作者认为A_1和A_2仍处于钝化状态。

此外,从阳极与阳极钢筋棒之间的电流值的历史数据(图8-9)来看,除了阳极A_1之外,无论电流方向如何,阳极$A_2 \sim A_6$相对于阳极钢筋棒的电流值都小于10μA。在某些情况下,阳极A_1的电流值大于15μA,而大多数的电流值不超过15μA。这与阳极相对于阴极之间电流的数据的规律相似。根据以上分析,所有阳极都处于钝化状态。

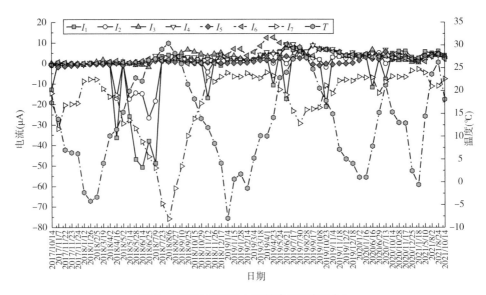

图 8-8 阳极和阴极之间的电流(前承台)

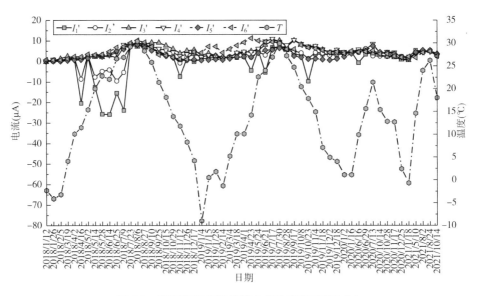

图 8-9 阳极和阳极钢筋棒之间的电流(前承台)

此外,通过监测数据处理,得到了阳极相对于阴极、参比电极以及阳极钢筋棒之间的相对电压随时间变化的曲线,并得到了相邻两个阳极之间的电阻随时间的变化曲线,具体如图 8-10~图 8-13 所示。由图 8-10 可以看出,电压的变化趋势与上述电流值的变化趋势几乎一致,在 2018 年 4—7 月,阳极 A_1、A_2 相对于阴极的电压也出现了波动,有的电压值达到 -625mV,然后逐渐下降至 -20mV 以内。在接下来的时间里,除去一些跳变点以外,电压值逐渐上升为正值,并逐渐达到了 150mV,但没有超过 150mV。但在此期间,阳极 A_3、

第8章 基于阳极梯传感器的港口水工建筑物混凝土耐久性监测方法与应用

A_4、A_6 相对于阴极的某些电压值略大于 150mV。每个阳极相对于参比电极和阳极钢筋棒的电压值也显示出类似的趋势(图 8-11 和图 8-12)。因此,不能选择 150mV 作为服役于海洋环境的混凝土结构中钢筋的阳极活化临界极限,而 300mV 的相对电压值更为合适。因为,经分析,电压的波动是由环境温度引起的而不是由阳极脱钝引起的,这也被现场的检验所证明。随着后续监测数据的增加,时间上包含多个季节的交替,可进一步验证上述结论。

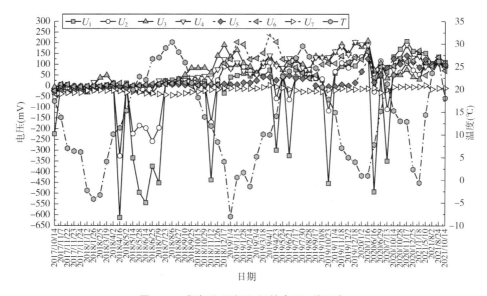

图 8-10 阳极和阴极之间的电压(前承台)

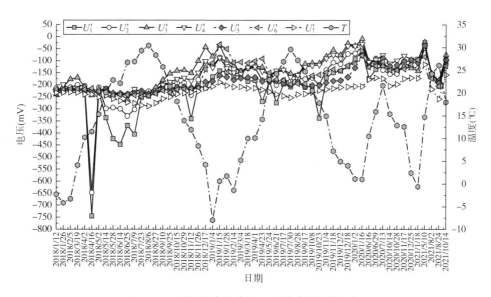

图 8-11 阳极和参比电极之间的电压(前承台)

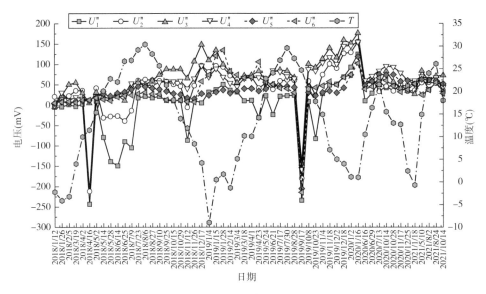

图 8-12　阳极和阳极钢筋棒之间的电压(前承台)

从图 8-13 中可以看出,各个阳极之间的电阻值分布比较规律,电阻变化趋势与温度变化趋势相反:即温度升高,电阻下降;温度降低,电阻上升。这也表明所安装的阳极梯传感器性能合理,监测数据可靠。

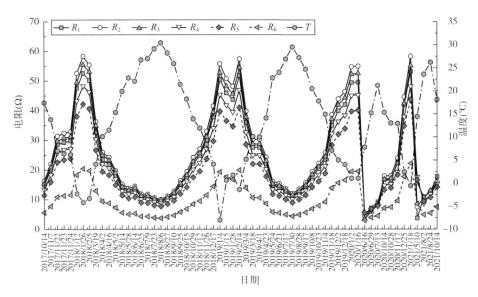

图 8-13　阳极之间的电阻(前承台)

8.4.2　后承台监测数据分析

安装在后承台横梁上的阳极梯传感器距码头前沿 73.5m,距离海面 4.5m。经过数据处理,得到了各阳极相对于阴极和阳极钢筋棒的电流值时程曲线,分别如图 8-14 和图 8-15 所示。从

第8章 基于阳极梯传感器的港口水工建筑物混凝土耐久性监测方法与应用

图8-14中可以看出,后承台传感器的电流值随时间变化的情况比前承台传感器的测试数据更杂乱。在不考虑电流方向的情况下,2018年4—9月,阳极 A_1、A_2、A_4 相对于阴极的电流值均超过 $15\mu A$,并且在随后几个月内逐渐恢复到 $15\mu A$ 以下。其他阳极的相对电流值都处于稳定的状态,均小于 $10\mu A$。根据现场检测结果及前承台传感器的数据分析,不宜判定 A_1、A_2、A_4 阳极在2018年4—9月发生脱钝。监测数据显示,阳极 A_1、A_2、A_4 相对于阴极的电流值产生了波动,这不仅与先前初步推断的环境温度有关,也与混凝土的内部高湿环境有关。混凝土内部的高湿环境导致电子聚集在阳极表面,致使阳极电位出现明显的负迁移。因此,虽然阳极 A_1、A_2、A_4 仍处于钝化状态,但阳极相对于阴极的电流仍然显著增加,造成了阳极 A_1、A_2、A_4 活化的假象。

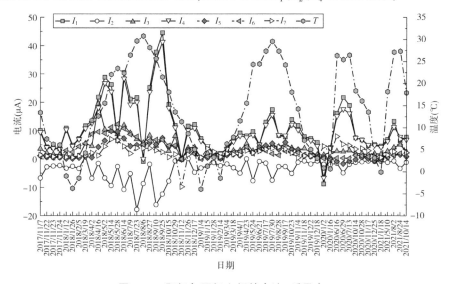

图 8-14 阳极与阴极之间的电流(后承台)

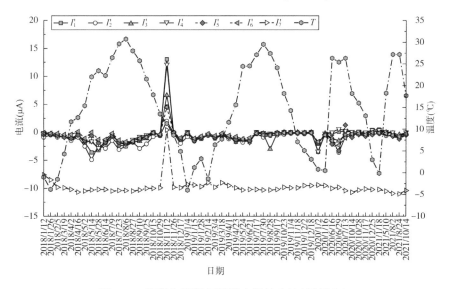

图 8-15 阳极与阳极钢筋棒之间的电流(后承台)

通过数据处理,得到了阳极相对于阴极、参比电极以及阳极钢筋棒的电压值的时程曲线,以及相邻阳极间电阻的时程曲线,如图 8-16~图 8-19 所示。从图 8-16 中可以看出,电压值曲线比图 8-14 中的电流值曲线更杂乱,但电压值的变化趋势与电流值的变化趋势相似。在监测期间,阳极 A_1、A_2 和 A_4 的电压值始终大于 150mV,根据上文介绍的判定标准,可判定 A_1、A_2 和 A_4 处于活性态,且某些时间点电压值达到 400mV。从阳极相对于参比电极和阳极钢筋棒的电压值随时间变化的曲线(图 8-17 和图 8-18)中可以看出,阳极 A_6 的电压值表示其也处于活性态,这使得数据分析更加困难。目前普遍认为环境温度是造成数据波动的主要因素,具体结论需结合更多的监测数据和现场检测才能确定。

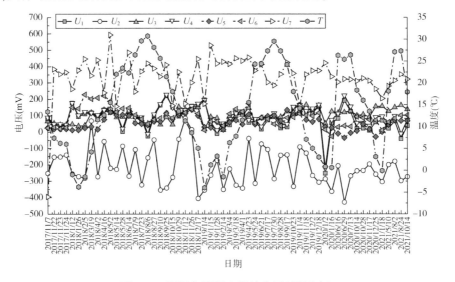

图 8-16　阳极与阴极之间的电压(后承台)

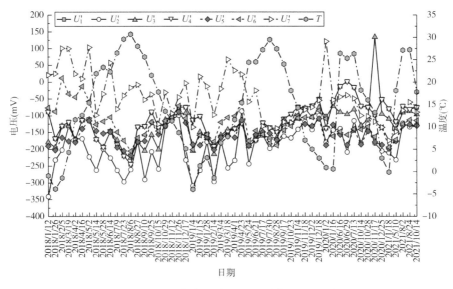

图 8-17　阳极与参比电极之间的电压(后承台)

第8章 基于阳极梯传感器的港口水工建筑物混凝土耐久性监测方法与应用

此外,从图8-19中看出,阳极之间的电阻值,除阳极A_6与钢筋之间的电阻相对较大以外,其余的电阻值的分布非常规律,即电阻的变化趋势与温度相反,即温度上升,电阻下降,反之亦然,与前承台监测数据规律一致。

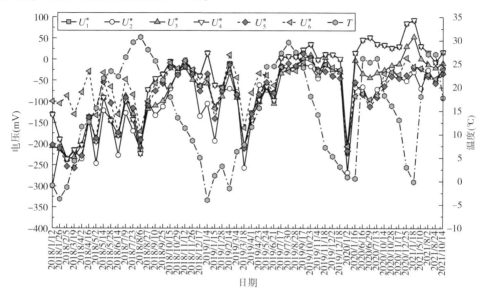

图8-18 阳极与阳极钢筋棒之间的电压(后承台)

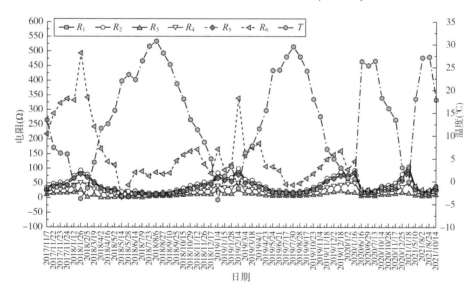

图8-19 阳极之间的电阻(后承台)

8.5 本章小结

海洋环境下混凝土结构的耐久性监测是延长结构使用寿命的重要手段,也是混凝土结

港口水工建筑物全寿命周期健康监测技术研究与应用

构耐久性设计和再设计的重要组成部分。目前对沿海码头结构耐久性监测和数据分析的研究,特别是对长期耐久性监测数据分析和处理的研究较少。本项目以天津港南疆27号通用码头为依托工程,在前承台的轨道梁和后承台的横梁处分别设置阳极梯传感器,用于码头结构耐久性的长期监控。经过长期的连续监测,已获取了连续4年的耐久性监测数据,数据采集间隔为14d。监测参数共计40个,包括宏电池电流、电压、电阻和温度等。通过对监测数据的处理和分析,得出以下结论:

①设置于前承台轨道梁的阳极梯传感器数据显示,在4个月的时间里,阳极 A_1 和 A_2 相对于阴极的电流超过 $15\mu A$,指示阳极 A_1 和 A_2 发生了"脱钝"。但经过分析发现,这主要是由于环境温度变化造成阳极出现脱钝的假象,因为这4个月正是春夏季节,温度持续上升。

②设置于后承台横梁的阳极梯传感器数据显示,在6个月的时间里,阳极 A_1、A_2、A_4 相对于阴极的电流超过了 $15\mu A$,特别是 A_4 相对于阴极的电流值越过 A_3 先达到判定脱钝的标准,造成了一种阳极脱钝的假象。经过分析,主要原因是环境温度、混凝土内部的高湿环境导致电子在阳极表面聚集,致使阳极电位出现明显的负迁移。因此,虽然阳极 A_4 仍处于钝化状态,但相对于阴极的电流也会显著增加,造成了阳极 A_4 脱钝的假象,但这一结论还需后期更多的现场试验加以证实。

③温度的变化对混凝土的电阻影响很大,温度的升高会导致混凝土电阻下降。

④虽然阳极梯监测系统可以监测氯离子对港口工程混凝土结构的腐蚀风险,但在环境温度和混凝土内部湿度的共同影响下,可能会出现干扰数据,影响结果的判定。因此,要确定阳极是否处于活性态,必须综合电流、电压、电阻、温度等监测数据,不能简单地通过电流值来确定,需对多参数耦合分析判定准则做进一步研究。

第9章 结论与展望

9.1 结 论

本项目将互联网+光纤传感技术+BIM 模型三维信息显示技术与传统结构健康监测技术有机融合,形成了一套适于港口水工建筑物全寿命周期的健康监测技术。通过对港口水工建筑物的结构组成、受力特点进行分析,设计了适于港口水工建筑物结构的健康监测系统框架。针对监测系统的组成、监测指标、传感器选型、数据采集与传输方式、数据处理与应用手段进行了详细分析,提出了监测系统中各个子系统的技术指标、实现方式、施工工法等相关技术。基于依托工程,实施了相关码头结构的监测系统建设,实现了码头结构的安全性监测与灾变预警,开发了基于 BIM 技术的系统运维平台,形成了有效的港口水工建筑物全寿命周期健康监测系统。通过项目的开展,得出如下研究结论:

①开展了港口水工建筑物全寿命周期健康监测系统构建技术研究,针对沿海港口工程结构服役的恶劣海水环境,建议传感器子系统采用光纤光栅应变、温度、倾角、加速度传感器与电类的耐久性传感器组合的方式进行组网,这种方式既可解决海水环境中传感器易腐蚀的问题,也解决了港口水工建筑物的耐久性监测问题,为后期结构健康监测系统在依托工程中的应用奠定了坚实基础。基于依托工程,建立了全国以互联网+光纤光栅传感技术+BIM技术为基础的、新建高桩码头的、规模最大的健康监测系统,有效解决了施工过程中的光纤光栅传感器埋设、保护、系统组网等关键问题,可实现码头结构的船舶撞击力监测、结构应变监测、桩基倾斜监测、结构动力特性监测、环境温度监测和钢筋混凝土构件耐久性监测。

②根据港口水工建筑物的服役环境条件,选择采用光纤光栅类的传感器进行结构相关力学性能参数的监测,有效解决了电类传感器在海水中存活率低的问题。同时,采用阳极梯传感器可实现钢筋混凝土锈蚀状态的预测,可监测氯离子在混凝土内部的侵蚀位置,满足了钢筋混凝土构件全寿命周期耐久性能的监测。

③采用多台光纤光栅解调仪串联的方式,大幅增加了解调仪的通道数量,实现了大批量光纤光栅应变传感器的数据同步采集,形成了一套高效的大型高桩码头结构健康监测系统的数据采集子系统。

④根据现场施工及传感器的性能特点,实现了船舶撞击力传感器、预应力方桩、钢管桩、

混凝土横梁、轨道梁及面板等构件上的光纤光栅应变传感器,预应力方桩和钢管桩的光纤光栅倾角传感器,光纤光栅加速度传感器,光纤光栅温度传感器,混凝土耐久性传感器的现场安装,总结了不同结构构件上的不同传感器的安装施工工艺,并最终基于光纤串接的方式实现了整个监测系统现场组网工作。

⑤针对整个健康监测系统监测运行工作,根据各监测指标的数据特点以及数据通信方式,系统最终按照应变、倾角、温度等参数采用1Hz的采样频率,结构振动及撞击力采用50Hz的采样频率进行数据采集;使用4G网络进行无线数据传输。

⑥针对天津港南疆27号通用码头工程结构健康监测系统的设计要求,基于BIM技术开发了系统运维平台,可对监测系统进行三维可视化管理,平台可实现码头结构的三维漫游、传感器的三维可视化管理、监测数据的显示及码头状态的评估与预警。

⑦基于港口水工建筑物结构健康监测系统的各个监测指标,如位移、应变、加速度、倾角等物理量,确定基于各个监测指标的结构安全性评估方法,划定了基于监测数据的评估等级,确定每种监测指标的预警阈值,为港口水工建筑物健康监测系统数据分析与灾变预警奠定了理论基础,为监测系统软件的编制提供了理论依据。

⑧通过本项目的研究,参编了《港口水工建筑物结构健康监测技术规范》(在编)、《水运工程自动化监测技术规范》(在编),部分研究成果将纳入上述规范中,填补水运行业无结构健康监测类规范的空白。

9.2 经验总结及展望

通过本项目的研究,形成了一整套港口水工建筑物全寿命周期健康监测技术。在天津港南疆27号通用码头工程结构健康监测系统建设中积累了很多经验。天津港南疆27号通用码头工程结构健康监测系统的建立历时近两年,系统建设伴随着码头的整个施工过程,其间克服了许多施工难题,多数问题得到了有效解决,最终保证了系统的组网与运行,实现了码头结构的健康监测,取得了丰硕的研究成果。但在整个项目的开展过程中,也遇到了许多不可预期的问题,如传感器的安装保护问题、桩基中的传感器光缆引至桩帽上表面的走线保护问题、传感器线缆统一引至板缝后的光纤熔接问题等。通过这些问题的逐步解决,积累了丰富的工程经验,为高桩码头结构健康监测技术的推广应用奠定了坚实的基础。基于该项目的经验总结与展望如下:

①通过本项目的开展,形成了整套的基于互联网+光纤光栅传感技术+BIM技术的港口水工建筑物全寿命周期健康监测技术,填补了国内空白。并且,天津港南疆27号通用码头工程的结构健康监测系统是我国首个新建高桩码头的健康监测系统,也是目前我国针对新

建高桩码头开展的规模最大的健康监测系统,可实现高桩码头结构的力学性能测试和耐久性能测试。整个系统的建设是一个系统性工程,为基于互联网+光纤光栅传感技术+BIM技术的高桩码头结构健康监测技术的发展奠定了坚实的基础,为后期同类项目的开展积累了丰富的工程经验,对推动港口码头的健康监测技术发展具有重要意义。项目成果在进一步完善优化的基础上可以在行业内推广应用,为码头的安全生产保驾护航。

②项目施工过程中,由于码头结构的施工特点及施工现场的天气、施工条件等各方面的限制,钢管桩传感器的数据传输光缆存在断裂的情况,造成钢管桩中部分传感器失效。因此,针对传感器安装工艺问题应进行重新思考,改进施工工艺,优化保护措施,加强与施工单位交叉作业的施工管理,提高钢管桩传感器的成活率。但从钢管桩传感器的安装工艺(仅包含传感器预制厂安装到打桩完成阶段)来讲是较为成功的,已被借鉴至海上风电工程的钢管桩静力加载试验的应变测试中。

③通过本项目的开展,建立了全国首个以互联网+光纤光栅传感技术+BIM为基础的、新建高桩码头的健康监测系统,尽管其实现了结构力学特性监测和结构耐久性监测,但由于该项目没有现有的成果可以借鉴,所以整个监测系统的监测指标仍有进一步优化的空间,如增加系统实现结构整体竖向位移的实时在线监测等功能。因此,在后续研究过程中,应针对码头等港口水工建筑物的结构特点并结合业主的监测需求,进一步完善、优化监测指标,以形成整套的港口水工建筑物全寿命周期结构健康监测技术。

参 考 文 献

［1］ NI Y Q, XIA Y,LIAO W Y,et al. Technology innovation in developing the structural health monitoring system for Guangzhou New TV Tower ［J］. Structural Control Health Monitoring, 2009, 16: 73-98.

［2］ KO J M,NI Y Q,ZHOU H F,et al. Investigation concerning structural health monitoring of an instrumented cable-stayed bridge ［J］. Structure and Infrastructure Engineering, 2009,5(6): 73-98.

［3］ YE X W,NI Y Q,XIA Y X. Distributed strain sensor networks for in-construction monitoring and safety evaluation of a high-rise building ［J］. International Journal of Distributed Sensor Networks, 2012:1-13.

［4］ KO J M, NI Y Q. Technology developments in structural health monitoring of large-scale bridges ［J］. Engineering Structures, 2005, 27:1715-1725.

［5］ ANDERSEN E Y, PEDERSEN L. Structural monitoring of the Great Belt East Bridge［C］// Strait Crossings 1994. Rotterdam: Balkema, 1994: 189-195.

［6］ YI T H,NI H N,GU M. Optimal sensor placement for structural health monitoring based on multiple optimization strategies ［J］. Structural Design of Tall and Special Buildings, 2011, 20(7): 881-900.

［7］ CHEN W H,LU Z R,LIN W,et al. Theoretical and experimental modal analysis of the Guangzhou New TV Tower ［J］. Engineering Structures, 2011, 33(12):3628-3646.

［8］ XIA Y,NI Y Q,ZHANG P,et al. Stress development of a supertall structure during construction: field monitoring and numerical analysis ［J］. Computer-Aided Civil and Infrastructure Engineering, 2011, 26(7): 542-559.

［9］ COSTA B J A,FIGUEIRAS J A.Evaluation of a strain monitoring system for existing steel railway bridges ［J］. Journal of Constructional Steel Research, 2012, 72:179-191.

［10］ NI Y Q, YE X W, KO J M. Modeling of stress spectrum using long-term monitoring data and finite mixture distributions ［J］. Journal of Engineering Mechanics, 2012, 138(2): 175-183.

［11］ YE X W,NI Y Q,KO J M. Experimental evaluation of stress concentration factor of welded steel bridge T-joints ［J］. Journal of Constructional Steel Research, 2012, 70: 78-85.

［12］ CARDINI A J,DEWOLF J T. Long-term structural health monitoring of a multi-girder steel composite bridge using strain data［J］. Structural Health Monitoring, 2009, 8(1): 47-58.

[13] MURAYAMA, H KAGEYAMA, K UZAWA, et al. Strain monitoring of a single-lap joint with embedded fiber-optic distributed sensors[J]. Structural Health Monitoring, 2012, 11(3): 325-344.

[14] LECIEUX Y, ROZIERE E, GAILLARD V, et al. Monitoring of a reinforced concrete wharf using structural health monitoring system and material testing[J]. Journal of Marine Science and Engineering, 2019, 7, 84: 1-26.

[15] 孙英学,冉昌国.高桩码头结构损伤机理浅析及其健康监测技术简介[J].水文地质工程地质,2005,(5):110-112.

[16] 黄长虹,韦灼彬.海港码头结构健康监测[J].水运工程,2009(4):106-109.

[17] 朱彤,刘向前,周晶.基于光纤光栅传感技术的圆沉箱靠船墩结构健康监测[J].水运工程,2011,156-162.

[18] 刘现鹏,刘红彪,韩阳,等.基于光纤Bragg光栅传感器的现役高桩码头结构健康监测系统设计与实施[J].水道港口,2016(2):170-176.

[19] 王京荣.内河船舶靠泊撞击力测试装置的设计与试验[D].南京:东南大学,2011.

[20] 丁伟农,葛洪.某深水开敞式码头船舶荷载现场试验研究[J].河海大学学报:自然科学版,1999,27(5):21-26.

[21] CHAN T H T, YU L, TAM H Y. Fiber Bragg grating sensors for structural health monitoring of Tsing Ma Bridge: background and experimental observation[J]. Engineering Structures, 2006, 28: 648-659.

[22] PECH-CANUL M A, CASTRO P. Corrosion measurements of steel reinforcement in concrete exposed to a tropical marine atmosphere[J]. Cement and Concrete Research, 2002, 32(3): 491-498.

[23] KASSIR M K, GHOSN M. Chloride-induced corrosion of reinforced concrete bridge decks[J]. Cement and Concrete Research, 2002, 32(1): 139-143.

[24] MELCHERS R E, LI C Q. Phenomenological modeling of reinforcement corrosion in marine environments[J]. ACI Materials Journal, 2006, 103(1): 25-32.

[25] XU C, LI Z, JIN W. A new corrosion sensor to determine the start and development of embedded rebar corrosion process at coastal concrete[J]. Sensors, 2013, 13(10): 13258-13275.

[26] ENGELUND S, MOHR L, EDVARDSEN C. General guidelines for durability design and redesign: duracrete-probabilistic performance based durability design of concrete structures[Z]. CUR, 2000: 90-95.

[27] TOMOSAWA F. Japan's experiences and standards on the durability problems of reinforced concrete structures[J]. International Journal of Structural Engineering, 2009, 1(1): 1-12.

[28] KEDDAM M, TAKENOUTI H, NOVOA X R, et al. Impedance measurements on cement paste[J]. Cement and Concrete Research, 1997, 27(8): 1191-1201.

[29] RAUPACH M, SCHIEβL P. Macrocell sensor systems for monitoring of the corrosion risk of the reinforcement in concrete structures [J]. NDT & E International, 2001, 34(6): 435-442.

[30] MCCARTER W J, CHRISP T M, STARRS G, et al. Field monitoring of electrical conductivity of cover-zone concrete[J]. Cement and Concrete Composites, 2005, 27(7-8): 809-817.

[31] ARNDT R W, CUI J, HUSTON D R. Monitoring of reinforced concrete corrosion and deterioration by periodic multi-sensor non-destructive evaluation[J]. AIP Conference Proceedings, 2011, 1335(1): 1371-1378.

[32] RAUPACH M. Chloride-induced macrocell corrosion of steel in concrete: theoretical background and practical consequences [J]. Construction and Building Materials, 1996, 10(5): 329-338.

[33] LIU H B, ZHANG B H, LIU H C, et al. Analysis of long-term durability monitoring data of high-piled wharf with anode-ladder sensors embedded in concrete [J]. Frontiers in Materials, 2021, 8:703347.

[34] BASHEER P A M, CHIDIACT S E, LONG A E. Predictive models for deterioration of concrete structures[J]. Construction and Building Materials, 1996, 10(1): 27-37.

[35] GLASS G K, BUENFELD N R. Chloride-induced corrosion of steel in concrete [J]. Progress in Structural Engineering and Materials, 2000, 2(4): 448-458.

[36] AHMAD S. Reinforcement corrosion in concrete structures, its monitoring and service life prediction: a review [J]. Cement and Concrete Composites, 2003, 25(4-5): 459-471.

[37] SCHIESSL P, RAUPACH M. Monitoring System for the Corrosion Risk of Steel in Concrete Structures [J]. Concrete International, 1992, 14(7): 52-55.

[38] RAUPACH M. Corrosion of Steel Reinforcement in Concrete [J]. Materials and Corrosion, 2009, 60(2): 77.

[39] PENG Z, ZHAO T J, JIN Z Q, et al. Application of durability sensors in reinforced concrete liner of Subsea Tunnel[C]//2009 International Conference on Measuring Technology and Mechatronics Automation. IEEE, 2009: 12-15.

[40] 金祖权,赵铁军,张鹏,等.海底隧道混凝土结构耐久性监测[J].硅酸盐学报,2013,41(02):205-210.

[41] 方翔,陈龙,潘峻.混凝土耐久性监测系统在埃及塞得东港集装箱码头工程中的应用[J].中国港湾建设,2013(01):50-55.

[42] 刘红彪,计子凡,张树龙,等.基于阳极梯传感器的新建高桩码头结构耐久性监测与自动控制技术研究[J].水道港口,2019,40(6):680-686.

[43] Specification of Anode Ladders "Corrosion monitoring for RC-Structures" [Z]. S+R Sensortec GMBH Munich, Germany, 2009.

[44] American Society for Testing and Materials. Standard test method for corrosion potential of uncoated reinforcing steel in concrete[S]. ASTM, 2009.